みんなねっと
ライブラリー

今日の向こうは

きょうだいが語る
きょうだいの精神疾患と
私の人生

横山恵子
仲田海人
やじろべえ
南の島のきょうだい
木村諭志

PENCOM

今日の向こうは

きょうだいが語る
きょうだいの精神疾患と私の人生

◎表記につきまして
・本書では、「しょうがい」を「障がい」と表記しています。
ただし、法律用語などにつきましては「障害」と表記しています。
・本書で「支援者」という場合は、専門性をよりどころとする専門職をさすものとします。

はじめに

精神障がい者の家族には、親だけでなく、兄弟姉妹や配偶者、こどもの立場の家族がいます。この本でいうきょうだいとは、精神疾患の当事者をきょうだいにもつ、兄弟姉妹（以下、きょうだい）の方々です。

当事者を近くで支えているのは、親ときょうだいですが、これまで、きょうだいについて語られることは少なく、影の薄い存在だったように思います。きょうだいは、それぞれに悩みを抱えていますが、きょうだいとしての立場（兄弟姉妹）、年齢や同居の有無も異なり、きょうだいの体験はさまざまです。

私は看護系大学で精神看護学を教えていますが、授業の感想シートに、自分に精神疾患があることを率直に伝えてくれたり、精神障がいの家族がいると教えてくれたりする学生がいます。また、家族の悩みを相談されることもあります。病気の当事者は、親、きょうだい、祖父母だったりしますが、きょうだいが一番多いように思います。

私が初めてきょうだいの体験を聞いたのは、もう20年以上前です。弟の立場の方でしたが、ある日を境に、兄が豹変《ひょうへん》したと話しました。

大学に行くため、いつものように家を出た兄が、すぐに引き返し、布団をかぶってブルブル震えていたそうです。その時は何が起きたのか分かりませんでしたが、後に兄が発病したのだと知り、「だから僕は、兄の発病の日を覚えているんです」と話しました。兄の発病で、自身の進学先を変え、自分の人生にも大きな影響があったと話しました。きょうだいの話はとても興味深く、「兄弟姉妹の会」を運営されているということで、連絡先をいただきました。

そんな時、きょうだいの立場の学生が相談に来ましたので、真っ先に彼の顔を思い出し、学生に兄弟姉妹の会を紹介しました。10代の学生が兄弟姉妹の会にうかがったので、だいぶ驚かれたようですが、泊まりがけで行われる「交流会」を学生に案内してくださり、学生は喜んで参加しました。同じきょうだいたちが、夜を徹して話してくれたり、丁寧に対応してくれたりしたと、とてもうれしそうに報告してくれました。

地域で行われている「家族会」に参加されているのは親の立場の人が多く、きょうだいの立場の人に出会うことは少ないです。

家族会に参加されていたある母親は、ご自身の子どもが不登校となって受診し精神疾患らしいと分かり、苦悩されていたのが印象的でしたが、実はきょうだいでもあると話してくれました。「とっくに亡くなっているんですけど」と涙ぐんでいました。20年以上前に、入院中の精神科病院で亡くなられたそうですが、その死をずっと後悔し罪滅ぼしのように、障がいがある人のための作業所でしばらくボランティアをしていたと話しました。

このように、きょうだいとの出会いは、たくさんありますが、共通するのは、皆、「病気のきょうだいをとても大切に思っている」ということです。

こうしたきょうだいの思いを伝えたくて、今回、ご縁があって出会った方々に、きょうだいの体験談をお願いしました。

体験談を書いてくださったのは、支援者となった4人のきょうだいたちです。

南の島のきょうだいさんは、卒業研究の指導をした妹の立場の看護学生です。とてもしっかりとした、真面目な学生でした。精神障がい者の「就労」がテーマでしたので、就労移行支援事業所でインタビューをさせていただき、当事者にとっての就労や回復の意味について一緒に考えました。当時、自身のお姉さんがメンタル不全のあることを話してくれましたが、その時は、きょうだいについての深い話はしませんでした。

それが、卒業後ひょっこり講演会の会場で再会しました。地方に転職するということで、連絡先を交換しましたが、彼女から声を掛けてくれたことがとてもうれしかったです。

木村さんは、看護学部に編入学した、弟の立場の学生です。

入学早々に卒業研究の相談で研究室に来ましたが、人懐こく心優しい学生で、研究指導よりも、病気の姉を持つきょうだいとしての悩みや体験を聞く時間の方が多かったように思います。卒業後も、何か一つ解き明かせないものを感じていて、さらに、きょうだいについて研究したいと、大学院に進学し修論も一緒に取り組むことになりました。思いがけなく長い付き合いになり、私もきょうだいへの関心をさらに深める機会となりました。

ちょうどその頃、作業療法学科の男子学生が訪ねてきました。仲田さんです。看護学科の精神看護学領域の卒業研究発表会を聞きたいと話し、参加してもらいました。その後、大学祭で開催した「精神障害者家族のリカバリートーク」にも参加して、弟の立場のきょうだいであると、自身の立場を名乗り会場で堂々と感想を述べてくれました。とてつもないパワーのある学生だと思いました。仲田さんとは、その後も縁がつながり、地域家族会で再会し、入院中のお姉さんの退院のことで相談を受けました。自身の仕事でも無理解で悩み、何か糸口を見つけようと必死な姿だったのが印象的でした。

やじろべえさんは、支援者を対象として行われた家族支援の私の講演会に参加してくださった姉の立場の女性です。ちょうど、木村さんの修論のインタビュー協力者を探していて、会場できょうだいの立場の支援者を探していると話した時に、「まだ作業療法士になり立てですけど、いいですか」と、研究協力に手を挙げてくださった方でした。控えめですが、とても優しそうな方だなと思いました。

本書の体験談の特徴は、幼少期から書き起こし、きょうだいの発症と、その後の家族の状況、自身の気持ち、成人となった現在のきょうだい、家族のようすに至るまで、きょうだいの目線で、ありのままに人生を書いている点にあります。

ここに1冊の書籍としてまとまったことをとてもうれしく思っています。本書は２０２１年時点での体験談に加えて、「それから3年後の私」を追記して出版しました。時間はかかりましたが、就職、結婚、出産などライフステージの変化も描くことができました。

きょうだいはたくさんいて、親の陰で小さい時から苦労しています。

ぜひ、きょうだいの困難や特徴、きょうだいや家族に寄せる優しい思い、同時に、たくましい力を知っていただきたいと思います。

親、きょうだい、配偶者、子どもなど、さまざまな立場の方々に、きょうだいを理解していただくと共に、身近なきょうだいのサポートの参考になればと思います。

また、きょうだいに関わる支援者の方々に読んでいただき、支援に役立てていただきたいと思っています。

そして何より、きょうだいに読んでいただき、ちょっと立ち止まり、これからの自分の人生の歩み方について考える機会になってもらえればうれしいです。

皆さまのお役に立つことを、執筆者一同、心より願っております。

横山 恵子

目次

きょうだいは親代わりではない。焦りを伴う先送りできない問題

私には3歳上の姉がいます。「しっかり者でクラスのリーダー的存在」だった姉が発症したのは、姉が中学生、私が小学生の時でした。きょうだいとして、将来を悲観した私が発したSOSは周囲の大人たちに届くことがなく、いつしか姉のことも含めて、わが家の問題は自分の手で解決しなければならないと思うようになっていました。

思春期のこころの問題を置き去りにしないために。きょうだい、家族、支援者に伝えたいこと

私には4歳違いの妹がいます。妹は32歳で発症し、警察に助けを求め入院するなどしましたが、今は本来の妹らしさを取り戻しています。私は妹の病気をきっかけに支援者となりました。公認心理師の資格を取得した後、現在は、自立訓練施設の生活支援員として福祉施設に勤務しています。

体験談3 ● 南の島のきょうだい（執筆時20代　妹の立場） 99

自分自身や家族の中に病気に対する偏見がなければ、姉の病気の悪化を防げたかもしれない

私には4歳上の姉がいます。姉は、20歳頃に統合失調症の診断を受けました。現在も投薬治療を行いながら、訪問看護を利用し病気と向き合って生活しています。入院時期を経て、就労移行支援事業所に通ったのち、現在は就職をして社会生活を送っています。

体験談4 ● 木村諭志（執筆時30代、弟の立場）

周りの助けを借りて「自分の人生」を考えられた時、未来をつかんで歩んでいける力になった

私は、４歳年上の統合失調症の姉を持つ弟です。姉は高校生の時に発病し、その時私は中学生でした。当時を振り返ることには慣れているとは言えませんが、今までの人生をライフサイクルに沿って振り返る中で、感じた思いを率直につづっていきたいと思います。

第1章

きょうだいの語り

その時、それまで、そして自分の未来

1

きょうだいは親代わりではない。焦りを伴う先送りできない問題

仲田海人（執筆時20代、弟の立場）

私には3歳上の姉がいます。「しっかり者でクラスのリーダー的存在」だった姉が発症したのは、姉が中学生、私が小学生の時でした。きょうだいとして、将来を悲観した私が発したSOSは周囲の大人たちに届くことがなく、いつしか姉のことも含めて、わが家の問題は、自分の手で解決しなければならないと思うようになっていました。

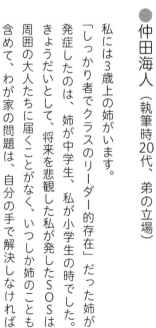

●大学生の私
作業療法を学ぶ

希望の大学に進学。作業療法を通して、精神科医療や福祉について海外や日本の最先端の取り組みを学ぶ中で、「なぜうちの家族には、その医療や福祉が利用できないのか」という思いを強くしていった。

●大学卒業を前に
長期入院中の姉のために学びを生かしたい

卒業を目前にして、5年以上入院していた姉のことで両親と向き合うも両親に打開策はなかった。「私がやるしかない」。決意し地元に就職。卒業と同時に姉の主要な保護者としての決定権を父から私に譲ってもらう。

●親とは異なる「きょうだい」
姉が早期に自立しなければ
自分の未来が描けない

姉の主要な保護者になってから4年。「入退院を繰り返し長期入院をしていた姉を、グループホームに退院させる」というカタチで自立を図った。親とは異なるきょうだいだからこそ、姉が早期に自立しなければ、自分の未来が描けないのだ。

●きょうだい会の立ち上げ
情報や医療、福祉資源の地域格差を埋める

他県の「きょうだい会」に参加し、医療や福祉の情報を知るうち、きょうだいの住む地域で、直に関わり、信頼できる支援者につながることが大切であると思うようになり、地元できょうだい会を立ち上げた。

●症状が安定した姉
やっと自分の人生を考えられるようになった

退院後、症状も安定し、グループホームで友達もできた姉。私のプライベートが保証できた安心感。これからゆっくり自分の人生を考えたい。

それから3年後の今／2024年4月

仲田海人さんのhistory

●幼少の頃
自慢のお姉ちゃん

クラスのリーダー的存在で、頼れる自慢のお姉ちゃん

●中学生になった姉に異変が

リーダーシップを発揮していた姉が、中学生になって別人のように。かんしゃくを起こす姉、怒る父、仲裁に入り泣いている母。部屋にこもって身を守っている私。

姉は公立高校に進学するも退学し、通信制の高校で高校卒業の認定を取得していた。

●父のこと。「父権的」な父もまた生きづらさを抱えていた

父は「父権的」で姉弟が幼い頃からかんしゃくを起こし、私たちは暴力や威圧的な言動におびえて育った。

後に母から以前に父はうつ病を発症していたことを聞く。父もまた生きづらさを抱えていたのだった。

●母のこと
家庭での唯一の逃げ場所

そんな父や姉のかんしゃくから私を救ってくれたのは母だった。母の存在は、家庭での唯一の逃げ場所だった。ありがとう、お母さん。

●中学生になった私
「あの弟」という目にさらされ

私は「あの弟か」と白い目で見られているようで悔しく、「常に優秀で真面目であれ」と自分に言い聞かせていた。柔道部に入部し部活動に没頭し家族の問題から逃避していた。

●高校生の頃の私
夢と現実のはざまで

けんかが絶えない家の中に集中して勉強できる環境はない。高校を卒業するまで物置で生活を続けた。

姉は精神科の病院に通うようになり、時には入院もしていた。

●高2の私。精いっぱいのSOSと無力感。自分でやるしかない

進路選択の時期になり思い切って、周囲の大人に家庭の問題を相談した。学校の先生、スクールカウンセラー、姉の主治医……。

精いっぱいのSOSは届かなかった。家のことは、自分が何とかするしかないと思った。そんな時にであった、「リハビリテーション」という言葉に姉の社会復帰への希望を抱き資格が取れる大学進学を目指した。

●高3の私
進学で父との葛藤

進学に反対する父。

母の根気強い説得で行けることになったが、父とのわだかまりが残った。

進学に際しての「あなたはあなたの人生を生きなさい」という両親の言葉に、「なぜきょうだいの私だけが、家族から切り離されなければならないのか」と寂しさが募った。

幼少の頃

自慢のお姉ちゃん

3歳年上の姉は責任感が強く、弟の私に、いろいろと先回りして面倒を見てくれていた記憶があります。忘れっぽくて、甘えん坊だった私はそんな姉を頼りにして育ちました。

姉が幼稚園に通い始めると、幼稚園の制服や黄色いかばんを見て「かいくんもほしい～、ようちえんいきたい!!」と言って、似た黄色のかばんを買ってもらい、うらやましそうに、母と一緒に幼稚園バスを見送っていたそうです。

やがて小学生になった私の目には、姉は女子の中のリーダー的存在に見えました。

学校では、姉はいつも友達を連れて、下級生の私の教室に来ては、私のお道具箱を確認して、お手紙や荷物の整理をしてくれていました。

年上のきょうだいがチェックに来るのは、恥ずかしい気持ちがありながらも、誇らしさを感じる自慢の姉でした。

中学生になった姉

異変

別人のように

私は小学校高学年になり、姉は中学校へ進学しました。私たちが通う小学校は、１学年が約40人と小規模校だったのですが、中学校は大規模校で、突然３００人規模に拡大するのでした。

中学に進学した姉は、部活動も始めましたが、人間関係が目まぐるしく変化する中、余裕がないように見えました。

やがて、中学の部活動でいじめが始まったと聞き、それまでリーダーシップを発揮していた姉が、次第に別人のように変わっていきました。

緊張感があり、笑わず、人の顔色を極端にうかがい、常に不安な表情をするようになっていました。

かんしゃくを起こす姉、キレる父、泣く母

当時、私が学校から帰ると、かんしゃくを起こしている姉と、それを受け入れきれずにキレ回る父、仲裁に入り泣いている母の姿がありました。私は家の中で目立たないように、部屋に閉じこもって、自分の身を守っていました。部屋の中まで漏れ聞こえてくるけんかの声を耳にしては、強い無力感を覚えていました。

時には、頼りなくなってしまった姉を見て、「元のお姉ちゃんに戻ってよ」と、泣きながら懇願したこともありました。

姉の高校進学、退学。通信制高校へ

両親も混乱して学校の先生とやりとりをしながらも、根本的な解決はできずに、姉は部活動を変え、ひっそりと学校に行ったり、行かなかったりの生活をするようになっていました。次第に勉強の遅れも目立つようになり、両親は姉を家庭教師や高額な個別指導塾に通わせるようになっていました。やっとのことで、地元の公立高校に進学しましたが、人間関係がうまくいかなかったようで退学しました。その後は通信制の高校に通い、高校卒業の認定を取りました。

父のこと

「父権的」な父もまた、生きづらさを抱えていた

父のかんしゃく

父は私が幼少の頃から、突然、当時の私には理解できないほどのかんしゃくを起こしては、非情な言動をする人でした。

例えば、家族皆で親戚のところに車で行った帰りに、私が姉とけんかをしていると、突然、怒り出して私を車から無理やり降ろそうとしたり、「おもちゃ屋さんに寄ってほしい」とお願いすると、１００キロを超えるほどの速度を出し、蛇行運転をして怖がらせたりしたこともありました。

いわゆる「父権的」な人です。

父権的とは、強い立場にある者が、弱い立場にある者の利益のためだとして、本人の意志は問わずに介入・干渉・支援することを指しますが、幼い頃の私には、そんなことは理解できませんでした。

父の暴力

そのほかにも、誕生日やクリスマス、年末年始、お盆など、年間行事の特別な日には、父の計画に対して私たち子どもがはしゃいで、父の思い通りにならないと、かんしゃくを起こし暴力や威圧をしてきました。

暑い日も寒い夜も関係なく、数時間にわたって家の外に放り出され、そのたび母がこっそりと家に入れてくれていました。

そのためか、わが家では、誕生日やクリスマスなどの祝い事は行わない約束になりました。

それでも、それを憂えた母が、ひっそりとプレゼントやケーキを買ってくれたりしていました。

父の影響

私にとって毎年来る年間行事は、人の気分を上だけでなく、下にも動かしうる恐怖のイベントになっていました。その感覚はいまだに抜けない部分があり、友達関係や恋愛でも他の人との感じ方の差に悩んでいます。

これは姉も同じだったと思います。

姉の、ほかの人への極端な「顔色うかがい」は、父からの影響もあったと思います。

姉は家庭にも学校にも気持ちの休まる場所がなかったんだと思います。

父の病気

私が高校生の時に母から知らされたのですが、父は、社会人になってから、うつ病を発症し外来通院をしていたそうです。


大人になった私は、父のかんしゃくは、うつ病のみの症状なのか疑問を感じたため、父のかかりつけの精神科で発達検査を受けるよう希望しました。すると、広範性発達障害の疑いとの話も出てきました。

父は父自身生きづらさを抱えていたのです。

今だから、その当時の父の怒りの機序《きじょ》（メカニズム）は理解できますが、私の父は、相手がたとえ子どもであっても、自分のスケジュールや段取りを崩されることを、非常に腹立しく感じる人だったのです。

姉は「防波堤」のように私を守ってくれていた

姉は、家庭の中で、父という感情の波に対する「防波堤」のような立場を担ってくれていました。

大人になってから、父の育ちや家庭状況を聞いて、父なりの思いや事情があることは理解できました。

しかし、こうして文章を書いている今も、父の感情の乱れにその度に振り回されているので、怒りや悲しみの気持ちも湧いてきてしまいます。

母のこと

家庭での唯一の逃げ場所

ありがとうお母さん

私にとって家庭での唯一の逃げ場所は、母の存在でした。

父や、その後に心を病んでしまった姉のかんしゃくに対して、間に入って母がなだめている背中をいつも見ていました。私が今、誕生日や特別な日を、少しだけでも良いものだと感じることができるのは、母がこっそりと祝ってくれたり、子どもの私に共感してくれる姿勢を持ってくれたりしていたからなんだと思います。ありがとうお母さん。

そんな母が、姉や父のことで泣いているのはとても許せない思いがありました。そこに、打開策を打ち出せない非力な自分に対しても、申し訳なさを感じました。

中学生になった私

「あの生徒」の弟という目にさらされて

常に真面目であれ、と自分に言い聞かせ

私は中学生になりました。

小規模の小学校出身の私は、クラスに知っている友達が数人しかいない環境で、皆から嫌われてしまうのではないかという恐怖感にさらされました。お姉ちゃんはこんな恐怖の中、クラスで「悪い意味での注目」にさらされていたのだと身をもって感じました。

一部の先生からは「あの生徒の弟か」と白い目で見られているような感覚も受けました。

そんな環境の中で、私には、悔しさと共に、姉ではなく私自分を見てほしいという思いが湧いてきました。

いつも姉と比較されていることを感じながら、無意識のうちに「常に優秀で真面目であれ」と自分に言い聞かせていました。他人に良い評価をしてもらうために。

部活動に没頭し家族の問題から逃避

部活動では柔道部に入部し没頭していました。

自分の努力の結果が、体形にも大会成績にもつながることや、頭を家庭のことから切り離して、集中してスッキリできるような「フロー感」につかることができたからです。

朝練から夕方まで部活に明け暮れる日々。強豪中学校だったので1年生の時は柔道着も着せてもらえず、1日1000回もの腹筋や腕立て伏せなど、筋力トレーニングの日々でした。

かけた労力と時間が、自分の身になっていくのを実感して充実感を覚えていました。柔道の相手との駆け引きも魅力的で、肉体だけでなく、戦略や、ふとした勘による機転を行動に移すという、頭を使った戦い方もとても楽しかったです。

悪ぶる姉

そのころ姉は、普通高校を中退して通信制の高校へ入学していました。金髪に染めたり悪ぶったりして、再び両親は頭を抱えていました。バイトを始めては、数カ月で人間関係のトラブルを起こして辞めるということを繰り返していました。

家庭をいつまでもかき乱す姉について、私は部活動を理由に距離をおき、考えないようにしていました。

高校生の頃の私

夢と現実のはざまで

葛藤

その頃の私は、『天元突破グレンラガン』というロボットアニメ作品の影響を強く受けて、宇宙やロボットに大きな興味を抱いていました。

宇宙という壮大な世界は、悲しすぎる現実の外へ私を連れ出してくれたのです。

当時の私は宇宙やロボットへの関心が高くなり、大学は工学部に行きたいと思っていました。しかし、将来への夢を持っていても、家に帰ると現実が目の前に突きつけられました。

現状に家族が悲しんでいる中、自分の夢を追うことがおこがましくも感じていました。結局、結論は出せず、葛藤しつつも普通科高校に進学しました。

集中して勉強できる環境が欲しい

高校に進学した私は、自分の成績を伸ばす喜びを感じつつも、学習環境として、他の友達と比べて不利である現実を不満に思うようになっていきました。当時、姉は運転免許を母と取りに行っていましたが、教習や試験がうまくいかずに、毎日のように母に八つ当たりしたり、父とけんかをしたりしていました。そのような状況で、高校生の私には家の中で集中して勉強できる環境はありませんでした。

物置で生活した私の高校時代

そんな悩みを抱えている時、ふと子どもの頃、父に家の外に放り投げられた夜、庭の物置に逃げ込んだことを思い出したのです。

そして、衝動的に2階の自分の部屋から、ベッドを分解して降ろし、物置の中に置きました。私にとって、家の中よりも道具を入れるための物置の方が、安心・安全が保証される環境だったのです。

その日から、高校を卒業するまで物置で生活をするようになりました。

両親の関心は姉に集中。卑屈な思いを抱える私

このころになると、姉は精神科の病院に通うようになりました。しかし、正確な診断も出ないまま抗不安薬や睡眠導入剤を服用し、外来治療をして、時には入院をするようになっていました。

今思えば、「あの子が私の悪口を言っている」という明らかな幻聴が、大きく現れていたように思います。

「退行」してしまった姉を受け入れることはできませんでした。かつての「自慢のお姉ちゃん」から、まるで年下の妹のように立場が逆転してしまうことは、とても受け入れ難い気持ちになりました。

自分の勉学や恋愛に必死だった私は、そんな姉を迷惑に思っていました。両親に対しても「あれだけ姉には塾や家庭教師にお金を使っていたのに、僕の将来は何も心配してくれないのか」と卑屈な感情を抱いていました。

高2の私

精いっぱいのSOS。その先の無力感。自分でやるしかない

担任の先生に相談「あなたは課題志向型の性格をしている」

高校2年生で進路の文系理系選択の時期になり、進学したい大学を意識するようになっていました。

私は思いきって学校の先生に、家庭の問題を相談することにしました。中には共感してもらえる先生もいましたが、当時の担任の若い先生には、性格傾向の印刷物を見せられて「あなたは課題志向型の性格をしている。だから苦しんでいるんだよ」と言われました。確かに当時の担任の先生が言っていた性格傾向は間違っていないと思います。

その頃の私は、いじめられていたり、気持ちを踏みにじられたりして涙を流す人を、わが家の状況に重ねて見過ごすことができませんでした。

学校にいるだけでもたくさんの人の感情で飽和状態になってしまうくらい、過剰に受け取ってしまっていました。

ただそこを指摘されても、家に帰ると「現実」を突きつけられる私が、「課題」をクリアしないと未来に希望が持てなかった私が、どうすれば先生の言葉を処理することができたのでしょうか。

スクールカウンセラーに相談「ごめんね、何もできないんだ」

私の不満は解決されることなく、次にスクールカウンセラーを紹介されました。学校でスクールカウンセラーに話を聞いてもらうと、彼は泣きながら「ごめんね、僕は君の心の整理のお手伝いはできても、家庭に対して何もできないんだ」と言われました。

クラスのみんなが授業を受けている時に、席を外してスクールカウンセラーに相談に行くというのは、いじめや家庭に問題ありの太鼓判を押されるのと同じようなものと思っていて、そんな中、勇気を振り絞って、藁にもすがる思いで話した後のカウンセラーの言葉は、私に絶望を連れてきました。

「ああ、大人は同情してくれても、結局は人ごとなんだ」と思いました。

姉の主治医に相談「君にも薬を出そうか」

その後両親に、姉の通っていた病院の主治医と話したいとお願いして、病院に行き主治医に姉のことを聞きました。

自分の将来と姉のことで、頭の中が目まぐるしく混乱していた私は、焦ってしまって話す内容も混乱していたのかも知れません。

話を一通り聞いた後、主治医が私に放ったのは「君にも薬を出そうか」の一言でした。

再び私は、「あ、この人もそんな大人か」と心に壁を作ってしまいました。

自分で打開策を見つけなければ。「リハビリテーション」に姉の社会復帰への希望抱く

そんな経験をして、「わが家の問題は、私が何か打開策を見いださない限り、両親も、いわゆる専門家も何もしてくれない」と思うようになっていました。

「医学の仕事に就き、家のことは、私が何とかしなければ！」

「打開策」を求めいろいろと調べて行くうちに、私は「リハビリテーション」という言葉に希望を抱きました。「治療」と「社会復帰」として物事を前進させていく考え方に、姉の社会復帰への可能性を強く感じたのです。

そして「作業療法士」という仕事を知り、資格を取れる大学を目指すようになりました。

大義名分

しかしそれは、工学部に進学し、宇宙やロボットに関する仕事をしたいという夢を諦めることでもありました。

「家族のために進学先を変更した」と当時は切ない思いを抱きましたが、今思えば、大学、大学院へと進学しなければならない工学部への夢に、私は、学力や経済面で不安を抱いていたように思います。折り合いを付け、自分自身を納得させるために、当時の私には「家族のため」という大義名分が欲しかったんだと思います。結局、自分に自信がなかったんだと思います。

高3の私

進学で父との葛藤

就職しろ

いざ大学進学となると、経済的な問題が目前に出現しました。

高校では、土日は学校に許可をもらいアルバイトをしながら、携帯代や遊び、デート代などを自分で工面していましたが、大学進学ほどの大金になると両親に頼らなければなりませんでした。

「大学に行きたいんだ」という私に、父は聞く耳も持たずに「そんな金はない。就職しろ」と。

私はこれまでの努力や、わが家の問題に打開策を見いだしたい、その可能性を求めて大学で学びたいという希望を、根本から否定されたような気持ちになり、悲観するしかありませんでした。

そんな私を見て、そこでも母は根気強く父を説得してくれました。

そして、給付型奨学金の支援に加えて、父からも経済的に工面をしてもらえることになりました。感謝はしつつも、自分の思いを受け入れてもらえなかった数々の父の言動に、言葉にできない気持ちが残りました。

自分だけが家族から切り離されそうな不安

「あなたはあなたの人生を生きなさい」。


進学に際し両親が私に話したその言葉が強く印象に残っています。

私のことを思いやっての言葉だったのでしょうが、弟の私には「父と母は姉と一緒に生きていくから、あなたは巻き込まれないように違った人生を生きなさい」と言っているように感じられたのです。

「なぜ、きょうだいの私だけが、家族から切り離されなければならないのか」。

寂しい気持ちになりました。

大学生の私

作業療法を学ぶ

なぜうちの家族には、精神科医療や福祉が利用できないのだろう

私は希望通りに、目指していた大学の作業療法の学部に入学できました。同時に、実家を出て一人暮らしを始めました。一人暮らし1日目の、誰にも干渉されることなく、安心・安全の中で眠ることができた「幸福感」は、今でも鮮明に覚えています。

大学生活では、自由と自分の可能性について考える時間をたくさん持つことができました。

そして、作業療法を通して、精神科医療や福祉について、海外や日本の最先端の取り組みを学ぶ中で、「なぜうちの家族には、その医療や福祉が利用できないのか」という思いを強くしていきました。

大学卒業を前に

長期入院中の姉のために学びを生かしたい

姉のことで両親と向き合う

大学卒業を目前にして、姉のことについて両親と話をしました。

姉は5年以上入院を継続し、電気けいれん療法も2回行い、長期入院に足を踏み入れていました。

父は「墓場まで持って行くから大丈夫だ」とかんしゃくを起こしながら言い、母は「なんとかしたいけど、今の生活でいっぱいいっぱい」と泣きながら話しました。

この時の両親は、息子である私に、そこまで背負わせるのは忍びないという気持ちと、だからと言って自分たちでは、作業療法や福祉制度を学んだ息子が言うような方法で、娘の状況を進めることができない。どうしたらいいのか分からないというのが本音だったと思います。

姉の主要な保護者としての決定権を父から譲り受ける

私が提案したグループホームの利用などについては、両親は「そんなことをやっている人の話は聞いたこともない」「東京とかの都会でできても、栃木県では違う」と後ろ向きでした。

両親は、支援者側からの福祉の説明や紹介、退院後の生活のサポートなどの情報も十分に得られていませんでした。

「やはり、私がやるしかない」。

そう決意し、地元に就職しました。

そして、大学卒業と同時に、入院している姉の主要な保護者としての決定権を、父から私に譲ってもらいました。

親とは異なる「きょうだい」だから

姉が早期に自立しなければ自分の未来が描けない

急な呼び出しに有休もなくなっていき

姉の主要な保護者になってから、退院までに4年もかかりました。この間、姉の病院からの急な呼び出しがひんぱんにあり、そのたび、職場の上司に頭を下げては対応し、次第に有休がなくなっていきました。

姉と関わる中で、両親が今まで受け入れていた「服が」「お菓子が」「おこづかいが」などという細かな要求や、病院などからの私への「キーパーソン」としての要求に疑問を覚えました。

姉の入院費のために自分の人生を諦めたくない

また、将来的に姉の入院費を工面しなければならないという、経済的な現実にも違和感を覚えました。

自分は週末の休みや有休を使っていろいろと動いているのに、なぜ、金銭まで負担しなければならないのか。親にとっては、子どもの費用を工面するのは当たり前なのかもしれません。しかし、きょうだいにとっては違います。私も将来は結婚して、家庭を持ち、子育てもしたい。子どもが希望すれば大学にも行かせたい。

しかし、姉が自立できずに長期に社会的入院をしていて、その時、両親がいなくなっていたら、入院費やおこづかいは、きょうだいが負担してくれと言われるわけです。

自分の家庭と姉のどっちをとるかと言われたら、私は自分の家庭を取りたい。父のように「そんな金はない」なんて、子どもに絶対に言いたくないのです。

だから私は、姉が若くて適応力もあり、まだまだ意欲のある間に、家族で話し合うべきだと思いました。

力技ですが、両親が先導することが難しいなら私がやってでも、姉の自立を実現しようと考えたのです。「入退院を繰り返し長期入院をしていた姉を、グループホームに退院させる」という自立を。

きょうだい会の立ち上げ

情報や医療、福祉資源の地域格差を埋める

精神障がいに関する情報不足

姉の保護者になった私は、病院のソーシャルワーカーや医師とやりとりするようになりました。

そして、「入退院を繰り返し長期入院をしている姉を、グループホームに退院させる」自立について相談すると、両親が言うように「利用できるグループホームは私が知る限りありません」と説明を受けました。しかし私が調べた範囲では、栃木県内でも市町村の枠を超えれば空きのあるグループホームは見つかりました。

両親が感じていた「グループホームを利用した退院なんて田舎じゃ無理」という感覚は、そうした支援者からの情報提供の少なさからきているのだと理解しました。

私は、埼玉県や東京都の事例として、姉よりも症状が重いと思われる方が、地域で生活していることを知っていたので「田舎だからといって姉の人生をずっと入院で過ごさせるのはあまりにもかわいそうだ」と思っていました。

支援者側としては、こういう事例は経験がなかったのかもしれません。

しかし、隣の県で当たり前にできていることが、県が異なるだけでできないというのは、地域格差と言わざるを得ないと思いました。

地域が違うと医療や福祉資源も異なる

私は、大学で学ぶうち、障がいがあるきょうだいがいる仲間が集う「きょうだい会」があることを知りました。

地元の栃木県にはきょうだい会がなかったので、はじめのうちは埼玉県や東京都のきょうだい会に参加していました。素直に語れる仲間に出会い、きょうだいとしての悩みや苦しみを分かち合うことはできました。

しかし、いざ社会制度や支援者の力を借りて、きょうだいを何とかしたいと考えた時、地域ごとに、医療や福祉資源が大きく異なることに、違和感を持つようになりました。

地元にないなら作っちゃえ。きょうだい会の立ち上げ

他県のきょうだい会に参加して、医療や福祉の情報を知るうち、きょうだいの住む地域で、直に関わり信頼できる支援者につながることが大切であると思うようになりました。

同時に、私も就職し、隣県とは言え、遠くのきょうだい会に行くことも大変に思うようになってきました。

「近くにきょうだい会があればいいなぁ」

そんな経緯があり「栃木県にないなら作っちゃえばいいじゃないか」と思い、栃木県できょうだい会を作りました。

親とは異なるきょうだいの感覚

きょうだいは、親がわが子に持つ気持ちとは、明らかに異なる感覚を持っています。当事者に関わる多くの人には、きょうだいが、親代わりとして親と同じ行動を求められることに対して、家族には家族それぞれの立場があるということを知ってほしいと思うようになりました。

しかしながら、それを正面切って親に言えるきょうだいは、正直少数なんです。

わが家のように父権的な家庭なら、なおさらのこと。

きょうだいにとって焦りを伴う先送りできない問題

私は、きょうだい会においては、こうした家庭内の意思決定の際には、中立的で、双方の事情をくみ取ってくれる第三者に入ってもらい、話をすることを勧めています。

この点においては、さまざまな経験のある専門家の方々が活躍していただける場なのではないかと思っています。

親は一生面倒をみる覚悟ができるかもしれませんが、きょうだいにとっては必ずしもそうではありません。

焦りを伴う先送りできない問題でもあるんです。

症状が安定した姉

やっと自分の人生を考えられるようになった

退院後、症状も安定し、グループホームで友達もできた姉

姉は、退院後、症状も安定しグループホームで2年間ほど生活を送れています。現在、私が姉に会うのは年末年始などの家族が集まる機会ぐらいで、ある意味、一般的なきょうだい関係に戻ることができたのではないかと思っています。かつては、家族に頻繁《ひんぱん》に電話をするなど気持ちの距離が近く、求めることも多かったのですが、今は仲良しの人ができて、家族以外の関係性が広がってきているように思えます。

正直ここまでできるとは、支援者も親も思っていなかったようです。障がいを抱えていても、本人の意思や可能性に希望を持ち、挑戦しようとする気持ちを応援することが大切だと改めて感じました。親や支援者が思うより、当事者は家族から離れても生きる力を持っているのです。

きょうだいが、きょうだいらしくいられるために

私もこれまでは、姉を心配するあまり、親代わりのような関係性になったり、私から無理に近づいてしまったり、姉も私を求めているようなことがありましたが、今は私にとっては心地のよい関係であると言えます。

私自身の生活やプライベートを保証できることの安心感は大きいです。

しかし、今後支援者が変わったり、「親亡きあと」になったりした時、現在の関係性に支援者の方が、共感して尊重してくれるかどうかは、大きな疑問や不安を抱えずにはいられません。ですから本書を通して、少しでも「きょうだいは親代わりの存在ではなく、支援者でもなく、社会生活をするひとりの人間であること」を、多くの方に知っていただけたらうれしいなと思いました。

きょうだいが、きょうだいらしくいられるように。

これからゆっくり自分の人生を考えたい

これまでと今を書きつづらせていただきましたが、これからのことを考えると、「どうしたいか」という理想を持つこと自体、「恐怖」を感じている

自分がいます。

私はこれまで、極力、ありのままで今を生きることに注力してきました。それは恐怖から逃げる私でもあり、自身がそうであったように、誰かに理想を押し付けること自体に異常な抵抗感を覚えてしまう私が存在します。

よく「結婚をしたいか」「家庭を築きたくないか」というテーマが、きょうだいの中で上がりますが、私は正直タイミングだと思います。無理にしたくないとも、したいとも思っていません。あまのじゃくだと自分でも思います。

そんな私も、姉がグループホームに入居してからは、前向きに、自分の人生を歩む未来や、家庭を持つ未来を考える時が出てくるようになりました。

これまではいつも頭の端っこに、姉をどう自立させるのか、どんな手段をとればいいのかがあり、ケアを理由に、自分の未来を考えることを避けていたのかもしれません。

やっと人生のスタートラインに立って前を向いて歩き出した感覚です。

これからいろんな人の人生や価値観に触れながら、自分の人生もゆっくり考えたいと思います。


（2021年　記）

それから3年後の今

2024年4月

結婚、そして関係性の変化

本文を執筆をしてから、３年が経過しました。

今、私はパートナーと結婚し、ケアの必要な家族のいる栃木県から千葉県に引っ越して生活をしています。

大学卒業後の新社会人の頃は「家族のために私が近くにいなければ」と、近いけれどほどほどの距離を自分なりに保って生活していました。

しかし、パートナーとこれからの自分の人生を考えた時に、すべてを優先順位の1番目に置くことはできないという現実に直面しました。

新しい自分の築く家族との生活を第一に考えて、実家に戻りにくい距離にも住む決意ができました。姉のことで頭がいっぱいだった当時では考えられないほどで、この考え方の変化は私にとって収穫でした。何とかなるんです。

私が物理的にできないことは、両親も支援者を頼るし、それを受けた支援者は、以前よりアンテナを張ってくれるようになったと感じます。

きょうだいである私の距離感が、当事者を取り巻く人々の距離感にも、変化を与えているのです。

ここまでやれたのは、なぜだろう

私は弟ということもあって、発症前にお姉ちゃんに助けられた経験がたくさんありました。人形遊びに付き合わされたり、一緒にゲームをしたり、姉との幼少期の楽しい記憶もたくさんありました。

私がここまでやってこられたのは、そうした姉との元々の関係性や良い記憶や経験があったからだと思います。

どこまで行っても私は弟なのです。だから支援者に親のような言動を、家族として求められた時に強い違和感を持っていました。当事者にとってのキーパーソンでもなく、親でもなく、支援者でもなく、ただのきょうだいなのです。

姉の退院支援に奔走していた時にも、心の奥底ではきょうだい（弟）としての自分でいさせてくれることを求めていました。

だから、姉の生活が落ち着いてきたタイミングで、姉に関わる支援者に、「今まで親の代わりにいろいろやってきましたが、親をもう一度親として私を弟として姉に関わらせていただけませんか?」とお願いしたことがありました。

理解されない事の方が多いため、支援者全員にそう言っていたわけではありません。そこでお願いをしたのは、日頃のやりとりから、その人なら理解いただけるのでないかという漠然とした信頼があったからです。

私の両親は、非常に不器用だし、自身も闘病しています。しかしそれを理由に、自分たちもまだできる娘との関わりを、弟の私に託すなんて安直な考えをしてほしくないという息子としての想いもありました。

私は、過酷な状況を打破するために、一度は親役割を担いましたが、姉の状況や症状が安定した今、親にも再び親として関わってもらわなければと思いました。

支援者からすれば、家族の連絡先や意思決定が一本化しないことは、事務的な苦労がかかりますが、そうすることで家族間の役割も分散するし、親は親として、きょうだいはきょうだいとして、姉は娘や姉として家族に関わることができるのです。

だから、私は事務的なやりとりをする事があっても、年に数回、姉と会う関係に戻ることができています。世間からすれば当たり前の家族関係だと思います。しかし、その当たり前を維持するためには、家族だけでなく多くの第三者の大人の理解が必要なのです。

みなさまのご理解で私は弟に戻ることができました。

ありがとうございます。

難病を発症した父

令和3年に、私の父は神経難病の多系統萎縮症を発症し診断を受けました。当初は運転も仕事もしていましたが、次第に運転もできなくなり、自立歩行もできなくなりました。結果、今は既に仕事も早期退職、車いす生活で母がメインで在宅介護をしています。

まだ50代です。世間一般で言えば働き盛りの年代ですし、活発に親役割を担っている年代かもしれません。

私は、精神障がいのある姉のきょうだいとして、10年以上前の大学生の頃から、親亡きあとに備えて学びつつ、両親とも話し合いを積極的に行ってきました。

しかし、「もしも」のことを考えていくら話し合いをしていても、わが家の両親は、現実感を持って積極的に動くことはありませんでした。

親亡きあとは親あるうちにと言うけれど

父の発病により、「親亡きあと」が現実的なものとなりました。

わが家の場合、「親亡きあと」の備えとして、医療や福祉機関ではなく、インフォーマルサービスである「一般社団法人 親なきあと 相談室 関西ネットワーク」の力を借りて、「親心の記録®」と「遺言証（法的な証明能力のあるもの）」の作成までは、唯一行ってくれていました。

しかし、実際に父の発病により、親亡きあとの現実感を家族全体が持った時、父は、息子の私や娘である障がいのある姉のことを考える余裕なんてありませんでした。自分のことで精いっぱいです。

母は、「俺の人生何だったんだ」「死にたい」などと、繰り返し言う抑うつ的で自虐的な父の言葉を聞きながら、在宅介護をギリギリまでするつもりでいます。

このような状況の中、両親が姉のことに着手できる余裕なんてありません。

父の発病後、私が母と話し共感したのは「姉が福祉を使った自立ができてよかった」ということでした。母や父には想像がつかなかったようですが、きょうだいの私には大学生の頃にはこの未来は想像できていました。

だから私は、貴重な10代20代の時間を費やして、早期に動いて姉の福祉的自立を目指してきたのです。

もし、両親が在宅で姉まで抱えていたら、私は結婚や自分の人生を考える前に、30歳になった今も実家の心配で頭がいっぱいだったと思います。

「親亡きあとは親あるうちに」とは言いますが、家族の中の話し合いだけで前進させるには困難が多すぎるのです。

目の前のことをこなすことで精いっぱいです。

だからこそ、医療・福祉・インフォーマルサービスの横断的な支援は欠かせないと考えています。

親の難病について姉の受け止め

父が発症してから、姉は何度か面会や外出・外泊を実家で行いました。

その際に、正直に姉に父の病気について伝えるべきであると家族で話し合い、姉に伝えました。

一般的には、当事者の混乱や病状の悪化を忌避して、伝えない家庭もあると思います。わが家の場合、姉は徐々に歩行が不安定になっていき、杖をつき始めた父を見ていて、告知された時に「うん。なんかそうだと思った」と素直な受け止めでした。

その後大きな感情や、病状の変化もありませんでした。

私からすると、それもある意味、姉にとっての世界に、家族が占めている割合が小さくなったから（福祉的自立と共依存関係の見直しができたから）でもあるのではないか、と感じました。

実家で家族が姉をケアしていた時には、姉は自分をきょうだいの私や親と比較して卑下していました。しかし、姉は福祉的に自立したことにより、家族以外のつながりも増え、家族に影響されなくなったと実感しています。

希望と勇気をもって自分のための選択ができる今

父のケアが発生したその時に、姉のケアへの要素が減っていたことは、私の自由にとって大きな影響を与えたと思います私の人生、家庭、社会的役割、趣味など、諦めず挑戦できる余裕が今の私の目の前にはあります。

自分のための選択をしても、以前ほどは罪悪感を感じないのは、私自身の価値観の変化や、ケアラーの人生を肯定する社会機運の後押しもあると感じています。この感覚は、社会と自分自身のスティグマ（偏見）の大きな変化のように思います。

正直、現在の私の家族の現状を直視すると大変な状況です。

そんな中でも、希望と勇気をもって自分のための選択ができるのは、これまで選択肢を残す努力をし続けてきた自分や、それを応援してくれた周囲の大人たちの想いがあってこそだと確信を持って言えます。

本書の執筆に取りかかった当初、結婚や自分の家庭というものを具体的にイメージするのは「タイミング」だと書きました。

今考えると「いくら想像しても、本質的にはその時にならないと分からない」もの。

私も、親も、当事者である姉も、人間として同じなんだなと改めて実感しています。

2

思春期のこころの問題を置き去りにしないために。きょうだい、家族、支援者に伝えたいこと

●やじろべえ（執筆時40代、姉の立場）

私には4歳違いの妹がいます。

妹は32歳で発症し、警察に助けを求め入院するなどしましたが、今は本来の妹らしさを取り戻しています。

私は妹の病気をきっかけに支援者となりました。

公認心理師の資格を取得した後、現在は、自立訓練施設の生活支援員として福祉施設に勤務しています。

● 30代後半の姉妹
病気が進行する妹。命あるうちにと奔走する母

妹は通院治療を始めるが、医療や中高時代のいじめ経験から人間不信で精神状態が不安定になっていった。高価な衣服を大量に買い、カードの支払いは不能になり自己破産した。

母は妹を心配し、亡くなる間際まで精いっぱい動いていた。父は障害者手帳や副作用被害救済への手続きに奔走。私は仕事を掛け持ちして家計を支えた。

● 40代の姉妹
母の死。悲しみで幻聴に支配される妹。悪化し最初の入院

母は妹を心配しながら、68歳で死去。悲しみにくれる妹は幻聴に支配され、被害妄想がひどくなり、入院治療を受け入れた。家族として何もできない無力さを感じた。

私は妹の入院がきっかけで作業療法を知る。また、自治体主催の「精神保健福祉セミナー」のチラシを見つけ、藁にもすがる思いで受講。ここでいろいろな情報や家族会のことを知り、少し安心できた。

●警察に助けを求め妹は再入院
家族の力だけでは解決できない。作業療法士を目指し学ぶ私

妹の病気はさらに悪化し、父と私は、主治医、市役所の保健師、地域生活支援センターの相談員を訪ね相談を重ねた。しかし妹の病状は悪化していく。ある日、身の危険を感じるほどの暴力があり妹は再入院した。

この頃、私は夜間学校に通い作業療法士を目指し始めていた。

妹の病気を理解することは、妹だけでなく、私自身も前に進めるかもしれないと思った。

● 40代後半の姉妹
「妹」が戻ってきた！ 両親も妹本人も、私も病気を理解するようになれた

再入院した妹は、落ち着き「妹らしさ」を取り戻していった。

妹も自身の病気を理解しはじめ、幻聴に支配されて一人さまよっていたことなどを話してくれるようになった。

「幻聴さん」たちは、今では妹をほめたり励ましたり、一緒に泣いてくれたりと、常に寄り添ってくれる存在だという。病気への理解には、長い年月が必要だった。

それから3年後の今／2024年4月

やじろべえさんのhistory

●幼少の頃
関西で育った元気な妹

姉妹は大阪で生まれ充実した幼少期を過ごした。妹は友達も多く、伸び伸びと元気な子だった。

●私は高校進学、妹は中学で部活に励むが、父の会社が倒産、母は病気に。家族が暗転した

私は希望の高校に入学し、妹は中学でバトミントン部に入部した。

しかし、父の会社が倒産し、仕事の関係で私以外が先に関東に引っ越した。母はC型肝炎ウイルスに感染し、私は受験失敗。つらいことばかりが続き家族はその後の人生が見えず暗闇の中にいた。

●転校先の中学でいじめにあいもがく妹。家で暴れ壁に穴も

妹は関東の中学に転校するも、学校になじめず「いじめ」にあい、家庭内でも荒れ始めた。妹は自分の気持ちを表現できずにもがいていた。母は困り、父は叱ってもみ合いになることも。暴れて、妹の部屋のドアは壊れ、壁には穴が開いていた。閉じこもりがちになり、夜、部屋から歯ぎしりが聞こえてきた。

●高校生の妹
一人で戦い続けていた

妹は高校へ進学するも「トイレでお弁当を食べていた」。一人で戦い続けていたと後で知る。卒業後は私の勧めで絵本の専門学校へ進学した。

● 20代初期の私
父の独立、念願のマイホーム、妹は就職し最年少店長に

妹は有名ブランドのアパレル販売職に就職。19歳で職場内最年少の店長に。父は会社を立ち上げ念願のマイホームを建て、私は新居の間取りをデザインした。この時のことを思い出すと涙が出て、この頃に戻りたいと思う。

● 20代後半の姉妹
父の事業失敗、マイホームの売却、親子別々の暮らし

父の事業は数年でうまくいかなくなり、一家の経済状況が一変した。

家は売却、両親と姉妹は別々に暮らし始めた。私は経済的に困窮し非正規雇用で仕事を掛け持ちすることも。

● 30代前半の妹
C型肝炎ウイルスに感染し、薬の副作用で統合失調症に

一家4人は再び一緒に暮らし始めた。病気の母を助けながら、経済的にも支え合い、妹は再就職し正社員に。ところが体調を崩した妹に母と同じC型肝炎ウイルスの感染が判明。

治療に懸命の妹だったが、薬の副作用が強く「うつのような症状」になり、やがて統合失調症に。

私は力が尽きていくようだった。

妹、32歳の時

発症

つらい日々

妹の発症は、妹が32歳、私が36歳の時でした。それから13年間が過ぎた今は、父と私たち姉妹3人がそれぞれのペースで、それなりに暮らしていますが、ここに至るまでにはいろいろなことがありました。

妹が病気になってからつらい出来事が続き、自分の人生は周囲の人々と異なっているように感じました。「両親や自分の関わり方が悪かったのではないか？」と疑い、過去に原因を探しました。

妹の存在は遠く、妹ではない別人のように感じました。

私は自信がなくなり、不安で日々消耗していました。家族それぞれが何かを抱えていて、限界を超えてしまっていました。

〝このままではいけない〟と思うのですが、何が問題なのかも分かりませんでした。これまでの生き方や考え方に大きなギアチェンジが必要でしたが、その方法が分かりませんでした。

〝やじろべえ〟のようにバランスを取りながら

「妹の病気」は、「妹が描いていた人生」を阻むものとなり、家族にとってもつらいものでした。それでも、発症から13年たった私たち家族の生活には、むしろそれ以前にはなかった穏やかさがあります。

「生きていることは、〝やじろべえ〟のようなバランスなのかもしれないなぁ」と思いながら、高齢の父と、今も幻聴が残る妹と、常に忙しくしている私の生活はそれなりに平和に保たれています。

この〝やじろべえ〟は、常に揺ら揺らしながら、何かの折にコトンと軸が落っこちることがあるのかもしれませんが、明るい方を向いてゆったりいようと思えるようになりました。

妹だけに見えたり聞こえたりする「幻聴さん」たちも、本人を支える存在になりつつあるようです。

このような変化とバランスは、病気の発症から13年という年月の中で、本人の努力や家族の病気への理解、良き支援者との出会い、症状を軽くするお薬、生活のための経済的な支援の間で保たれているものだと思っています。

幼少の頃

関西育ちで元気な妹

充実した幼少期

私たち姉妹は、大阪で生まれ幼少期を過ごしました。

両親ともに関西出身で、妹は4歳下の2人姉妹です。姉の私は、絵を描くことやピアノが好きで大人の前では優等生タイプでした。妹は、家族からは関西弁で〝ごんた〟と言われ、きかんぼうなところがあるものの、体操や歌を習い伸び伸びと元気な子どもでした。

父は、航海士で時々海外へ赴いていました。

父の同級生の妹だった母は、外資系の銀行でタイピストをしていましたが、結婚後は家庭に入りました。趣味の油絵に熱心で、夜遅くまでラジオを聞きながら絵を描いていました。時々、私たちは、絵のモデルになっていました。私は家族が大好きで、大きな心配もなく充実した幼少期を過ごしました。妹も元気に小学校へ通い、友達もたくさんいました。

希望の高校進学の私、中学で部活に励む妹

暗転。父の会社の倒産、母の病気

父の会社の倒産、母のC型肝炎ウイルス感染、私の受験失敗

私は希望の高校に入学し、妹は中学に入りバトミントン部に入部していました。

しかし、父の勤めていた会社の経営が悪化して事実上倒産し、東京の親会社へ転勤することになりました。父は、当時人事部長をしていました。

ちょうどその頃、母のC型肝炎ウイルス感染が判明しました。

母は過去に2度程、けがと出産時に輸血を受けたことがありました。両親は、薬害肝炎の被害者救済を求め当時のカルテをたどりましたが、病院が廃業になっていて存在しませんでした。

私は、芸術大学で美術の勉強をすることが中学時代からの目標でした。

一浪し国立の芸術大学を受験しましたが失敗し、別の美大の短期大学に進学しました。その後の人生が見えず、暗闇の中にいました。

妹は転校した中学校で

いじめ、歯ぎしり、家で暴れ壁に穴も

この家にコミュニケーションなんかないわ！

妹は関東の中学に転校しました。

しかし、新しい学校生活になじめず「いじめ」にあいました。

関西で育ち、おおらかな性格が受け入れられなかったのか、妹は多感な時期に新しい環境にうまく適応できず、家庭内でも荒れ始めました。

夜、妹の部屋から歯ぎしりが聞こえてきました。怒りっぽくなり物に当たり、妹の部屋の壁には穴が開いていました。家族は妹の状態が理解できず、妹は自分の気持ちを表現できずにいました。母は困り、父は叱ってもみ合いになることもありました。私は妹を心配し、時々声をかけては買い物に行くなど、外に連れ出していましたが、気難しく怒りっぽい妹の態度にいつも悩んでいました。妹にとっては、分かってもらえない気持ちでいっぱいだったと思います。

妹の部屋のドアは壊れ、部屋に閉じこもりがちでした。

「この家にコミュニケーションなんかないわ！」と言い放っていたこともありました。

母は5人兄弟の末っ子で「子育ては自分に向いていない」と冗談を言い、自信を失っているようでした。妹のことで学校の先生とは話していたようですが、いじめの解決にはいたりませんでした。

高校生の妹

一人で戦い続けていた

「トイレでお弁当を食べていた」傷つき心を閉ざしたままの10代

その後、妹はなんとか中学を卒業し高校へ進学しました。

しかし、学校生活全般はとてもつらいものだったらしく、「トイレでお弁当を食べていた」など、今でも時々話しています。数人の友達と伊豆大島や館山へ旅行に行ってはいましたが、傷つき心を閉ざしたまま10代を過ごし、つらい時期に家族が横にいながらも、結果的には一人で戦い続けていたようです。

私は妹の進路について心配し、偶然通りがかりに見つけた絵本の専門学校を妹に紹介しました。もともと、ファンタジーや児童小説を好んで読んでいたこともあり、入学後は、授業について楽しそうに話して絵を描いたり、外国人の友達が泊まりに来たりと、少しは楽しめているように見えたので、良かったのかなぁと思いました。

20代初期の私

父の独立、念願のマイホーム、妹は就職し最年少店長に

この頃に戻りたい

妹は、専門学校を卒業後、服飾関係のアルバイトを経て、デパートで有名ブランドのアパレル販売職の仕事に就きました。

19歳で職場内最年少の店長として店舗を任され、売り上げを伸ばしていました。展示会へも行き、職場の人にもかわいがっていただいているようでした。店頭の「ディスプレーが楽しい、接客が好き」と話していました。

とはいえ、仕事は多忙で待遇面も悪かったようです。後に「ブラック企業だったけど、当時は分からなかった」と話していますが、9年間勤続していました。

母は病気が進行し入院することもありましたが、展覧会に絵を出品すれば賞をいただき、それが励みになっていました。

父は結局、会社を退職し自分で会社を立ち上げました。業績も順調で、家族は念願の新しい家へ移ることになり、私は新居の間取りをデザインしました。やっと落ち着くことができたと皆で喜びました。

父は「ここで仕事したらいいやん」と言い、母は「結婚したらこの近くに住みね」と言い、私は、「え~嫌や~」と答え、「なんで?」と二人とも不思議そうに、ほほえむ、そんな日々でした。

私は、この時を思い出すと涙が出て、この頃に戻りたいなと思います。

20代後半の姉妹

父の事業の失敗、マイホームの売却、親子別々の暮らし

挫折感と自分探しの私

美術の勉強をすることが中学時代からの目標だった私は、留学への憧れや勉強を続けたいという思いを抱えたまま、気の進まない就職をします。

ちょうど就職氷河期世代の始まりと重なったこともあり、仕事を得るのは大変でした。面接に行くと必ず、「女の子は結婚したらすぐ辞めるからね」と言われ、私は「結婚しても仕事は続けたいです」と答えるものの、「みんな最初はそう言うんだよ」と返されました。男女雇用機会均等法が施行され既に10年を経ていましたがまだ、そんな時代でした。

大学に行った友達の多くは、結婚を機に退職していました。

インターネットもない時代、職業安定所に通い、求人情報誌を閲覧することが習慣になっていました。

父の事業

父の新しい事業は数年でうまくいかなくなり、一家の経済状況が一変しました。私のわずかな収入も家族の生活費の一部として必要となってきました。父は、失敗した事業での人間関係に疲れ、人間不信になっているようでした。

結局、家を売却せざるを得ず、私たち一家も、両親と姉妹は別々に暮らし始めました。母は娘2人のようすを心配していましたが、それぞれが経済的に全く余裕がありませんでした。

自立をしなければ

私は、家族から離れて、「自分の力で生活し自立をしたい」という気持ちと、「自立しなければいけない」という焦る気持ちで、何度か自立を目指しました。しかし、安定した希望の仕事にも恵まれず、自分の居場所が社会の中でなかなか見つけられませんでした。

非正規雇用で仕事を掛け持ちすることもありました。職探しに疲れた時は、自然が好きだったので、山小屋で住み込みのアルバイトもしました。

30代前半の妹

C型肝炎ウイルスに感染し、薬の副作用で統合失調症に

なぜ、私たち家族に不幸ばかりが覆いかぶさるんだろう

2年後、一家4人は再び一緒に暮らし始めました。

母の命がそんなには長くないことが分かっていたため、母を助けながら経済

的にも支え合い、それぞれが「うまくいかない何か」や喪失感のようなものを抱えながら生きていました。

思うようにいかない人生や生活の疲れ、不安、いら立ちなどから、家族内の摩擦もありましたが、お正月にはみんなで初日の出を見に行ったり、子ども時代のように花札をしたり、家族らしい楽しみもありました。

両親は、仲良く連れ立って、新しい地での生活を楽しんでいるようでした。父は、慣れない夜勤の仕事やグループホームの世話人の仕事を始めていましたが、喘息《ぜんそく》の症状が現れていました。

妹は、母の勧めで当時のホームヘルパーの資格を取りました。しかし、「私には重すぎる仕事だから無理」と、新しい職場の販売職に就職し正社員で働いていました。

5～6年たったある日、妹は珍しく体調不良を訴えました。検査の結果、母と同じC型肝炎ウイルスの感染が分かりました。

妹は、よく食べ、健康的だったので家族はひどくショックを受けました。そして、インターフェロン投与の治療のため、仕事を休職し、母の主治医のいる地域の病院で入院治療を始めました。

妹は真面目に治療を受け、治したいと懸命でした。「早く仕事をしないと」と、よく言っていました。

治療の副作用

入院治療後は半年の間、週に1度、外来での投与を行いましたが、副作用が強く「うつのような症状」が出たため、治療は数カ月後に中止となりました。

妹は、泣いて「インターフェロン治療を継続してください」と頼みましたが、医者には「これ以上投与すると生活できなくなる」と言われたそうです。

幸いにもウイルスは消滅しました。

統合失調症

妹は以前から、何か不安があると、私に「ついてきてほしい」と言うことがあり、時々病院へも付き添っていました。この日もそうでした。

待合の席で妹を待っていると、看護師のささやくような声が漏れ聞こえてきました。

同時に妹の表情の異変で、何かよくないことが起こっているんだと、嫌な不安を感じました。診断は「精神科」へ行くようにとの指示でした。

後日、父と私とが付き添い、妹が自分で探した東京のクリニックへ行きました。医者に症状を話すと「おそらく統合失調症でしょう」と。しゃれた白いクリスマスツリーを背にして伝えられたのは、インターフェロン治療を中断した半年後でした。

呆然とし、医者の放った「統合失調症」の病名が頭の中でこだましました。なぜ、私たち家族に不幸ばかりが覆いかぶさるんだろう。

これからどうなってしまうのだろう。

そう思うと力が尽きていくようでした。

「精神科の病気」は自分とは全く関係のない世界のはずでした。

帰りの電車で、川を渡る車窓から、夕暮れ時の風景をぼんやり眺めていました。

それでも、横に同じ景色を見る父が一緒にいてくれたことがせめてもの救いでした。

30代後半の姉妹

病状が進行する妹。命あるうちにと奔走する母

高価な買い物を次々と。不安定な精神状態の妹

妹は地元のクリニックで通院治療を始めますが、医療への不信感と、中学時代にいじめられたことによる人間不信が重なり、信頼関係を結べる主治医との出会いには時間がかかりました。

その頃から妹はさらに不安定な精神状態となり、桁違いに高価な衣服を大量に買うようになりました。部屋は服やカバンであふれ、クレジットカードの支払いが不能となり、私からもお金を借りることが多くなりました。

結局、未払いを家族が立て替え、妹は自己破産しました。

私は、家族みんなが生活費を切り詰め、ギリギリの状態の中で、高価な買い物をする妹が理解できず、服だらけの妹の部屋を見ると、不安になり気分が悪くなりました。

入り口に近い妹の部屋はいつも暗く扉を閉め切っていて、そこからどんよりとした空気が漂っていました。

自分が生きているうちに

母は自身の病気が進行する中も妹を心配し、励まし、3人は父が運転する車でよく出掛けていたようです。

何とか自分の生きている間にできることをと考えたのでしょう。地域の生活支援センターの方に相談するなど、亡くなる間際まで、精いっぱい動いていました。

両親は、地域活動支援センターの所長だった相談員のFさんによく相談し、妹も何度かお会いして信頼していました。

Fさんは、妹が編んだ手編みのマフラーを気に入ってくれていました。妹がプレゼントしたようでした。

何かあった時には相談したらいいとFさんの名刺が家に置いてありました。母は私に、「妹を見てあげてほしい」と不憫《ふびん》そうに言ったことがありました。「これは母の本音なんだな」。私はそう思いました。

父は、障害者手帳やインターフェロン治療における副作用被害救済への申請書類の制作や手続きも行っていました。

私は、仕事をしており、経済的不安からも仕事を掛け持ちし、常に忙しくすることで気持ちを紛らわしていましたが、その頃の私は喪失感でいっぱいでした。

妹の精神状態はとても不安定でしたが、母が生きていた間は、軽作業などの就労訓練を行うことができる福祉サービスである就労継続支援B型事業所に通い、好きではないものの飲食店での仕事で工賃をもらい、少しはうれしそうにしていました。

母が亡くなるまでの間、妹は母と一緒にいる時間を十分持てたようで、今でも時々思い出話をしています。

40代の姉妹

母の死。悲しみで幻聴に支配される妹。悪化し最初の入院

幻聴に支配される妹

母は、妹の発病から4年ほどして、入退院を繰り返した後、妹を心配し続けながら68歳の誕生日を迎えた2週間後に亡くなりました。

母が亡くなり、最愛の妻に先立たれた父は大変落ち込みました。

妹は、仏壇の前に座り続け呪文のようなものを唱え、悲しみにくれていました。私は、1週間の忌引休暇後、忙しい職場に戻りました。

入院

妹は地元のクリニックに通院していましたが、薬の副作用からの体重増加を気にして、市販の下剤を頻用していました。処方された薬も飲んでいなかったようです。後に、怠薬した薬が大量に出てきました。

やがて幻聴に支配され食事も取れなくなり、164センチの身長で体重が40キロを下回るまで痩せてきました。近隣の方への被害妄想がひどくなり、「家にいるのが怖い」と話す妹に付き添って、車でさまよい、一晩中ファミレスで過ごしたりしました。

妹は、眠れない日々が続き、疲れ果て、入院治療を受け入れました。

ショック

ある面会の時のことです。

病棟側とささいな行き違いの出来事があったということで、妹は興奮して、押さえられたことによる恐怖などから暴力的になり、職員数人に取り押さえられ、即効性のある薬剤を投与され隔離されました。

私は、妹の激しい症状を目にしたショックと、大きな声を出して嫌がる妹に、治療という名の処置がされることがかわいそうでいたたまれませんでした。入院や治療が本当に妹にとって良いことなのか分からず、それでも医療を頼らざるをえず、何も知らない何もできない家族としての無力さを感じました。

作業療法

妹は入院中の生活について、面会時によく話をしてくれました。食事がおいしいこと、周囲の自然がきれいなこと、病院職員や他の患者さんとの出来事などです。

そして、「OT（作業療法）で、革細工や陶芸をしたり、みんなで散歩に行くこともある」と言っていました。作業療法で、父へはメガネケースや小物立て、私にはイニシャル入りの革細工の定期入れや、ビーズのブレスレットなどを熱心に作りプレゼントしてくれました。出来栄えもよく、一生懸命に考えて作ってくれたことが分かりました。添えられたメッセージはチンプンカンプンなところがあったので、私は「ああ、やっぱり病気なんだ」とそこは思いました。私は今でも、妹からもらった定期入れを愛用しています。

妹の思い、私の思い

妹を見ていると、どんなに大変な状況にいる当事者も、本当は自分のできることを探していて、それがその人の力になっているのではないかと思いました。そして、少しの支援が添えられると、本人の健康度や可能性は広がるのではないかと。

妹の入院がきっかけで、私は作業療法を知り、少し興味を持ちました。

その後、妹は「退院したい」という希望が強く、父と私は妹がよくなったという感じはしなかったもののそれを受け入れ、地域での生活を再開しました。

悪化

母が亡くなって2年近くたち、家族の状態も少しは落ち着いたように見えたので、私は実家から離れて1年間仕事をしました。父と妹は、それぞれのペースでなんとか生活をしていると電話で話してくれました。

休暇で戻った時に、妹から「住み込みで〝断食道場〟に行こうと思っている。主治医の先生の許可ももらった。そこで少しアルバイトもしてみようと思う」と相談を受けました。妹は、薬の副作用で太ったことを気にしていたのです。

妹は張り切って行きましたが、結局うまくいかず、すぐに戻ってきたとのことでした。

アルバイトでテキパキこなせず、きつい対応を受けたようでした。それから妹は服薬しなかったり、自分で薬を調整したりして過ごしていたようです。

家を離れての仕事を終えて、久しぶりに実家に戻った私は、妹の状態がとても悪くなっていることに悩みました。

精神保健福祉セミナー

そんな時、たまたま地域の行政センターで、ボランティア養成のための「精神保健福祉セミナー」のチラシを見つけ、まさに藁にもすがる気持ちで、即、申し込みました。セミナーは全10回からなり、医師による病気についての講義や市の保健師、家族会、当事者の方々の話や作業所の体験実習もあり、費用は3千円でした。地域の相談先や情報を得られ、新しい人との出会いも含めて、何かあった時の相談先の情報、相談できる場所や人があるということを知るだけでも安心しました。

また、一度参加した家族会では、親世代の方々の集まりでしたが、同じように困っている家族としての声を聞くことができ、友人たちには言えないことも話せる場があることを知りました。

警察に助けを求め妹は再入院

家族の力だけでは解決できない。作業療法士を目指し学ぶ私

家族への暴言、暴力

妹の状態はますます悪化し、会話なく部屋に閉じこもるか、風変わりなファッションに身を包み、昼夜かまわず出歩いては大量の食料品を買い込み自室で食べ、食器ごと分別せず捨てていました。

私はそれを拾いに行っては、家に持ち帰って分別していましたが、次第に追いつかなくなり、近所からは「警察に通報する」との張り紙がされるようになってきました。一般の人にも、ルールから外れることが、病気によるものかもしれないという理解や想像力も、少しはあってもよさそうなのにと、私は思いました。

妹は自宅に戻らない日があり、警察へ捜査願を出したこともありました。医療へつなげようと説得を試みましたが、会話が持てない状態でした。

家族への暴言、暴力も現れてきたので、父と一緒に、主治医、市役所の保健師、地域生活支援センターの相談員を訪ねました。主治医は「訪問できますよ」と言ってくれましたが、妹がすでに他人を受け入れる状態ではなく、人を傷つけるのではと思い怖くて依頼できませんでした。

結局、相談は直接的な解決にはならず「なるようにしかならないよ」という、かねての両親の考えのまま、しばらくは妹の状態におびえて過ごしていました。妹は、まるで別人のようでした。

妹は4人の警察官に囲まれて

そんなある日、妹の暴力で身の危険を感じた私は警察に助けを求めました。妹は4人の警察官に囲まれ始めは大騒ぎしましたが、ぐったり疲れ切っていました。私は、見ていることしかできず、妹をできるだけ丁寧に扱ってもらいたいと思いました。私たち家族は警察で一晩過ごし、受け入れ先の病院を探してもらいましたが、なかなか見つかりませんでした。

一定の時間を超えて見つからなかった場合は、その場で釈放するしかないと警察に言われ、私たちは驚きました。

それでもなんとか、県外れの山奥の病院に受け入れ先が見つかり、民間の救急搬送を依頼しました。

妹はぐったりして自力で歩けず車いすで移動し、病院へ向かう車中ではうなだれて、窓からの山の景色を静かに眺めていました。

入院時に主治医から「できるならご自身の意志で入院することをお勧めします」と説明があった時、妹は小さくうなずいていました。

私は、とにかく病院で受け入れてもらえたことにほっとしました。

妹の病気を理解したい

その時、私は精神科病院で作業療法助手をしながら、夜間学校に通い作業療法士を目指し始めていました。

妹の病気を理解することは、妹だけでなく他の誰かにとっても意味があり、私自身の今後の仕事と生活のためにも、自分の体験すべてを踏み台にして前に進めるかもしれないと思いました。

40代後半の姉妹。「妹」が戻ってきた！

両親も、妹本人も、私も病気を理解するようになれた

幻聴に支配され一人さまよっていた1年間を経て

両親も、妹本人も、私自身も〝病気と病気の症状〟への対処が分からず、妹の表に現れる症状と、内面で起きている世界が理解できず、信頼できる支援者とのつながりも不十分だったため、最終的には、警察による強行突破の介入となりました。

入院した妹は、すぐに落ち着き、「妹らしさ」を取り戻していました。妹は、入院している間、いつも病院の周囲を散歩し、自然に癒やされていたようです。それから3カ月後、父はレンタカーを借りて、隣県の山奥にある病院へ妹を迎えに行き、無事退院しました。

これは父と妹の最後のドライブとなりました。

自分が病気であることを少しずつ理解

それから妹は、自分が病気であることを少しずつ理解し、幻聴に支配され一人さまよっていた1年間の出来事を振り返り、今ではユーモアを交えて、自分の周囲の「幻聴さん」たちの話や、精神科病院での隔離された体験などを話してくれます。

ファンタジックな「幻聴さん」たちは、今では、妹をほめたり励ましたり、一緒に泣いてくれたりと、常に寄り添ってくれる存在だそうです。

週に数回は、自分の食料を買いに行き、洗濯、食器洗いなど、できることを行っています。

病気への理解には、長い年月が必要でした。

病状に本人も家族も振り回されながらも、少しずつ理解し、家族一人ひとりに変化が生まれてきたように思います。

妹の病気と私

援助を必要とする人、支援する人

社会の逆風の中で

私自身は、長女で母が病気だったこともあり、心配性で、家族の平穏が自分の安定につながっていました。

妹が病気になる以前から、自分の家族内の長女としての役割が自然とありました。「自己犠牲」や「パラサイトシングル」「アダルトチルドレン」「共依存」といった世の中で話題になる用語は、自分を救うものではありませんでした。

間違い探しのように家族や自分自身の中に問題を探し出すと、不信感でいっぱいの自分になりました。

必要以上に自分や家族を否定したり、逆に他の家族と比べて、親にしてもらえないことばかりに焦点を当ててしまったり。それは、今でもあります。私の人生、社会や時代の影響を受け、必ずしも順風満帆ではない中、それでも家族は港のような存在であり、人間関係が希薄な中で、家族や親戚の温かさに救われました。

社会の逆風の中で、頑丈でもない私が、今までなんとか自分の中心を保っていられたのは、仕事であったり、ものを作ったり、表現したりする「ささいなこと」によってでした。

母も同じように病気と闘いながら亡くなるまで絵を描き続け、自分らしくあり続けました。これらは、人が「大切にしている作業や活動」を行うことにより、その人らしい生活や生き方への支援となる「作業療法」の定義にもつながると思っています。

人生の過程で得たものすべてが、かけがえのないもの

私は、妹の病気と医療について学ぶうちに、以前より社会に目が向くようになりました。

障がいの有無に関わらず、人は年齢を重ねると、表面的にはできないこと

が増えていくのかもしれません。しかし、誰にとっても人生の過程で得たものすべてが、自分自身についてや人生、人間の理解としてはかけがえのないものになると思います。

目の前の人が、どんな人で、どのような人生を歩んで、どんなことを考え、何を感じているかは、身近な家族ですら簡単には分かりません。

尊厳

自分自身も含め多くの人は、簡単に分からないことに対して、自分の立ち位置で、都合のいい解釈をして終わっていることが多いと思います。

特に援助を必要とする方は、自身について語ることが難しい状況だと思います。

また、妹に寄り添ってきたきょうだいとして、専門職とされる支援者の、職業的倫理を忘れてしまっているような発言を耳にすることもありました。人の尊厳を忘れてしまった「〝専門性〟とは何か？」という問いが湧いてきます。

「ひと」というやわらかい存在と、その人の辿《たど》ってきた人生へのまなざしと理解、それが、尊厳であり人を敬うこと、そしてその人が当然得られるべき権利だと思います。

「本当に目の前の人について知ろうとしている？　支援しようとしている？」

「支援すること」を職業としている方が、ここを見失っていると、それは専門職と言えるのでしょうか。

きょうだい、家族、支援者に伝えたいこと

思春期のこころの問題を置き去りにしないために

その後の妹

「妹自身が」病気であることへの理解と、「私を含め家族が」妹の病気についての理解にたどり着くまでに、10年以上かかりました。

以前は、妹が別人のようになってしまった気がしましたが、今では以前の「妹らしさ」を取り戻し、子猫を飼い始めるなど生活の中で少しずつできることが増えています。

それでも、妹は「お姉ちゃんは健常者だから」と、自分が「病気ではない人」とは全く異なる状態にいる、つまり「健常者には分からない」と話します。妹の味方になってくれる「幻聴さん」がいても、体調が悪いと「水道から流れる水が悪口に聞こえる」などと言い、頓服《とんぷく》を飲んでいます。

また、心配なことにC型肝炎ウイルスの陽性反応が出てしまい、これからまた治療を始めることになりました。

きょうだいとして

きょうだいは、その時に、自分ができることを支援できればよいと思っています。

以前は、母、姉、友達、恋人の役を私一人が引き受けなくてはいけないような負担を感じる時もありましたが、妹が、少しずつでも過去の傷を乗り越え、家族以外の人や場所と関わり、心を開いたつながりをもてるといいと思っています。近くに弱っている人がいれば、それは、助けなくてはという普通の感覚です。

自己の存在やつながりを確認できる居場所

勤務先の病院においても、妹と同じように退院後地域で生活をしながらも、就労や社会参加のステップが踏み出せない人は多いように思います。

しかし、人は、どこかで自分自身の存在を確認するように人とのつながりを求めます。

世の中や地域のどこかに自分の居場所と感じる場所があることは、とても重要だと思っています。

居場所とは、自分らしく安心できる場であり、人によっては語り合えたり、いろいろなことを知ったりすることができる場所です。

家庭、仕事場、家族会、図書館でもカフェでも、ただ訪れてみる場所でもいいのかもしれません。

そこで、自己の存在やつながりを確認でき、新しい情報や刺激、出会いから予期せぬ変化も生まれるかもしれません。

精神的な不調にもっと早く気づいていれば

私の妹の場合、病気の診断がついたのは比較的遅く、社会人になってからでした。それまでは、家族に精神的な不調について相談をしたことはありませんでした。

それを考えると随分長い間、妹は踏ん張り続けたあげくの発症だったのかもしれません。調子の悪さが、わがままや性格、怠けや努力不足のように思えたこともありました。

いじめにあって苦しんでいた中学生だった時の妹を、救えていたらよかったと思います。

とはいえ、当時の私には、精神疾患は身近ではなく、ピンとこない自分とは関係がないものでした。

思春期のこころの問題を置き去りにしないために

現在は、メンタル面の予防医学や、教育の場での精神疾患の理解や、早期の支援介入の必要性が問われていますが、私たち姉妹が過ごした当時の学校は、思春期のこころの問題は置き去りにされていたように思います。

若い年齢での家族の発症は、自分の家族内でしか知られず、客観的に見ることも状況の言語化も難しい場合が多いと思います。家族は、子ども達のヘルプサインに対して立ち止まって直面することが困難です。

子は親を気遣っていることもあります。

そのようなまま、子どもの気持ちは取り残され、周囲の大人たちは問題が大きくなるまで気がつきません。

わが家の場合も、妹の不調のサインに気づき、しっかりと向き合って話を聞いてくれる「気にしてくれている」第三者の存在や、家族内においても、本人や家族が、自分の素直な気持ちをネガティブな面を含めて正直に話すことができ、受け止める関わりが必要だったと思います。

家族や本人が病気と向き合えばいずれ本来の本人の姿に出会える

現在、病気のある家族と距離を取っている人もいるかもしれません。本人の病状や家族との関係性、家族一人ひとりの状況は、それぞれ皆、異なりますが、時間がかかっても、家族が本人の病気や症状について知る機会があれば、いずれ本来の本人の姿に出会えると思っています。

本人の力と「本人らしさ」を信じることで、どちらにとっても、より幸せに近づけるような気がします。今現在がとても大変な時は、支援を求めると直接的な解決にならずとも、いくつかの選択肢が得られると思います。

家族自身も生活を安心して送ることができるように、支援者を介してでも、病気についての理解や利用できる社会資源を知っておくことが大切だと思います。特に、生活費、衣食住など最低限の生活の確保は、お互いの精神的安定のためにも必要だと思います。

私の家族の場合は、障害年金の手続きは父が手伝っていました。

利用できる制度は、お住まいの自治体によって異なると思いますので、気軽に役所や支援センター、病院の相談員に尋ねてみてください。

普段から相談ができる人や場所を見つけておくことは、何かあった時の安心にもつながります。私の場合、家族会やきょうだい会への参加は、不思議なくらい同じような状況の体験を共有でき、安心できました。

疲れている時は休養し、自分を取り戻す時間や小さな楽しみを持って日々を過ごすこともよいと思いました。

「生きているだけでいいのだよ」というメッセージは、すべての人へ共通のものだと思います。

これからの私の人生

日本の精神医療にも「当事者を中心とした医療」や「家族まるごとの支援」等の流れが見られます。支援者としては、スタートラインに立ったばかりの私ですが、それ以前の私は、妹のことでさまざまな相談支援の場に助けられながらも、家族が支援の対象となっていることは全く知らず、驚きました。

作業療法士として、支援者ながらもきょうだい、家族の視点を持ち、自分自身に求められている支援のあり方について考え続けたいと思っています。


（2021年　記）

それから3年後の今

2024年4月

コロナ禍を経て、妹と介護2の父は、共に訪問介護で穏やかな日々

前回の執筆から3年が過ぎ、この間、家族それぞれにも変化がありました。私は、公認心理師の資格を取得した後、精神科病院を退職し、現在は、自立訓練施設の生活支援員として福祉施設に勤務しています。

妹は、コロナ禍で外来の作業療法が中止となり、日中自宅で過ごしていましたが、主治医の勧めで、訪問看護サービスを利用するようになりました。当初は自宅に人が来る事を拒否していましたが、現在は週2回、看護師さんに訪問していただき、体調や生活のようすの確認、困りごとの相談や、買い物同行などをしていただいています。

父は、コロナ禍で外出頻度が減少し、次第に体力・筋力が落ちていきました。そして自宅で転倒し、腰椎圧迫骨折で2カ月間入院しました。狭心症や糖尿病、肺疾患などの持病もあり、要介護2の状態で一人で外出できなくなりました。

そのような生活を半年続けた頃、私がコロナに感染、父も続けて感染してしまいました。父は、身体機能が低下し、起き上がることすらできなくなり、その年2度目の入院。2週間で退院しましたが、車いすで帰宅しました。退院時には、ケアマネージャーさんが訪問診療、訪問看護、薬局、介護や福祉サービスの体制を整えてくださり、大変ありがたく感じました。

精神科の支援体制と比べると考えられないスピード感でした。退院後、父は妹と同じ訪問看護ステーションにお世話になっており、緊急時も含め何かあったらお願いできる安心感をいただいています。また、外出が自由にできない父と妹が、家族以外の人と接する機会となり、そのおかげで、家の中は「風通し」がよくなったように感じています。気晴らしになればと、保護猫の子猫を預かり、家の中が明るくにぎやかになりました。父と妹の関係性も穏やかになり楽しそうに過ごしています。

将来を考える時間もなかったが、それでもすべてが私の人生

転職後は、この様な1年があっという間に過ぎ、私も50代になっていました。日々振り返ったり、将来を考える時間や自分の人生を自分で選んでいる実感もなく、ただ無為に過ぎていく気もします。

家事はほとんどが私の役割なので、負担を感じることもあります。私の人生がもっと別にあったんじゃないか？　このままどこかに逃げるとどうなるだろう？　とふと思うこともあります。

それでも「自分の人生」とは、「原家族と距離を置いたり、別の家族を築いたりすることだったのか？」「私は、自分の人生を生きてなかったのか？」と自問すれば、そうではなく、すべてが自分の人生だったのだと思います。

自分が幸せでいることは、家族にとっても喜びであることには変わりないはずだからです。

私が自身の「傷」を癒やし、自分らしい人生選択をしていきたい

ここに至るまでいろいろなことがありましたが、穏やかになり楽しそうに過ごしている妹と父を見ていると、気負うこともなく、多くの人やモノ、コトに依存し、支え合いながら日々過ごすことで、人の生活は成り立っていると思えるようになりました。

私にとっての心の安定や幸せ感は、家族に限らず、周囲の人々の穏やかな表情や、その存在に支えられているものだと感じています。

その上で、私も今後は、より自分らしい選択ができるといいなと思っています。しかし、思い通りにいかないことがあると、「さまざまな原因」を家族の中に探してしまうことは、これまでの自分自身の傷つきによる見えないスティグマではないかと過去の自分を思い返して感じます。

私が自ら、その傷を許すこと、癒やすことができれば、家族への思いや見え方が変化するのではないかと、またそうであってほしいと思っています。

3

自分自身や家族の中に病気に対する偏見がなければ、姉の病気の悪化を防げたかもしれない

●南の島のきょうだい（執筆時20代　妹の立場）

私には4歳上の姉がいます。

姉は、20歳頃に統合失調症の診断を受けました。

現在も投薬治療を行いながら、訪問看護を利用し病気と向き合って生活しています。入院時期を経て、就労移行支援事業所に通ったのち、現在は就職をして社会生活を送っています。

●大学で看護学を学ぶ私 精神疾患を学べば学ぶほど…

姉の病気のこともあり私は精神看護領域も興味をもつように。知識は増えたが同時に世間の偏見の根深さに気づき、一層ほかの人には話さないようにしようと思った。姉にはできないことばかりを押し付け、姉のつらさや不調に寄り添うことはできなかった。

●社会人の私　総合病院へ就職 憧れの一人暮らし、姉との同居

私は総合病院へ就職。一人暮らしの社会人３年目に「私のところで一緒に住む？」と姉に提案。姉は喜んでその夜から同居。食事を毎日作ってくれて休日には一緒に買い物にも。しかし長続きせず姉は「30 歳になったら死のうと思っているから」などと言い私はささいなことで怒るようになっていった。

●姉との離別「家族とも友人とも一切の縁を切る」と

姉はその頃、病気を治したい一心で、「ある人」にすがっていた。姉は薬をやめ、「言葉」を唱え続けるようになった。そんな姉に私が不満をぶつけていると耐えていた姉が、せきを切ったように大きな声で怒り出ていってしまった。「もう一生会うことはない」と。私は後悔し泣き両親も大きなダメージを負った。両親は「姉との唯一のつながり」を求め、姉が信頼する「ある人」のところへ通い続けた。

●再会。姉の病気と向き合う

看護師５年目を終えた私は、姉に向き合いたいと「姉の幸せ」を目的に家族会議をし、両親と３人で家族会にも参加した。初めて話を聞いてもらうことで私たちの心も開いていけた。そんなある日、父に姉から連絡が入り異変を感じた父は、すぐに母と私に連絡し姉のアパートへ。私に宛てた「もうだめだ、助けて」というメッセージが、未送信のまま残されていた。

●姉の発症から 10 年 病気への家族の理解

姉の瞳孔は大きく開き、視線は私の頭を突き抜け、その後ろを見ていた。「何か見えるの？」と聞くと、姉は「うん」と。ようやく私は「これは本当に、病気なのだ」と理解した。姉の発症から 10 年以上もたっていた。姉は、翌朝入院し、主治医の先生と話し合いながら薬剤調整をし、徐々に顔つきも変わっていった。

●家族の今。姉は就職、私は結婚

姉はクリニックへ通院しながら薬剤治療を続けている。訪問看護を利用し、就労移行支援事業所を経て、現在の職場から誘いを受け就職した。

私は実家を離れ新しい場所で看護師として働き、引っ越し後に知り合った人と結婚。姉の病気のことを言いづらいと思うことは全くなかった。

それから３年後の今／ 2024 年４月

南の島のきょうだいさんのhistory

●幼少の頃／真面目で優しい姉

広告関係の仕事で多忙な父、パート勤務の母。小さい頃から真面目で、優しく正義感の強い姉。

のびのびと育った次女の私。

●小学生～中学生の頃 姉は学級委員、部活動、勉強と多忙な生活

姉は中学で学級委員を務め、毎朝、公園でランニングをし部活動の朝練へ。休日も勉強に部活にと、忙しく過ごしていた。私は中学生になると姉のあとをたどるように学級委員、部活動に熱心に取り組んだ。「看護師になりたい」と思うようになっていた。

●高校生の姉 ぷつんと糸が切れたように

姉は県内でも有名な進学校へ。しかし大学受験を控えた頃から片頭痛に悩まされイライラして、大きな声を出すことも。その頃から今までできていたことができなくなっていき、希望の大学を受験する気力・体力はとてもなかったと言う。それでも姉は、難関私大へ推薦で合格した。

私は志望の高校へ無事合格した。

●高校生になった私 憧れの高校生活を満喫

高校に進学した私は、部活に勉強にと忙しい日々。姉からは、使っていた問題集をもらったり、勉強の仕方を教えてもらったりしていた。母は介護で毎週のように祖父母の家に通い、平日はパートと家事をこなしていた。

●大学生の姉 すぐに病院受診を！

姉の大学から父へ「すぐに病院受診を」と連絡が入った。寝耳に水のことだった。診断は「統合失調症」。姉は毎日のように頭痛や吐き気を訴え、自室にこもることが増えていく。私は理解できず、毎日のように顔を合わせてはけんかをし、ちょっとしたことにイライラして怒っていた。

●大学を卒業した姉のことは、家族内だけの隠し事に

姉は大学を卒業後、医学系の専門学校に進むも退学。その後は自室にこもり食事の時だけ出てくる生活。

家族は姉の機嫌に敏感になり、家庭内にはいつも緊張感が。母も私も周囲からの視線を気にし、外では姉の話題には触れないようにしていた。姉のことは家族内だけの隠し事だった。

●就労移行支援事業所から介護職へ就職の姉。普通に見えるから大丈夫と思い込んでいた

姉は母が探してきた就労移行支援事業所に通い始めた後、介護職へ就職。私は大学で看護学生として学んでいたが親友にも姉のことは話せなかった。母とは「普通にしていれば、普通に見えるよね」と。その頃は、「普通だから大丈夫」と考えていた。

幼少の頃

真面目で優しい姉

自然の中でたくさん遊び健康に育った姉妹

私は、父・母・姉と私の4人家族です。

父は、昔から映画や本が大好きで、広告に関わる仕事に就いており、毎日忙しく働いていました。

平日は出張や変則的な仕事のために家にいることは少なく、週末は趣味のサッカーをしたり、家で本を読んだりして過ごしていました。マイペースで淡々とした性格で、大人になるまで父が怒った姿を見た記憶はほとんどありません。子どもの将来の夢・進路などに関しても、あまり口出しも反対もすることなく、「いいんじゃない」と、いつも肯定的な返事が返ってきたものです。

母は、そんなマイペースな父とは反対にとても現実的で、姉と私の2人を抱え、波乱万丈な毎日をたくましく生きてきたのだろうと思います。

私が生まれてからはパートを始め、以降20年以上勤続していました。母がパートを始めた大きな理由に、私と姉を希望の保育園に通わせたかった、という思いがありました。

「自然の中でたくさん遊び、健康に育ってほしい」という思いから、その保育園を選んだそうです。母は昔から、パン作りや無添加食品、無農薬野菜などが好きで、よく本を読み、実践していました。小さい頃から、少しでも身体によいものをと、食事にはとても気を遣っていました。

真面目で、優しい性格の姉

姉は、小さい頃からとても真面目で、優しい性格でした。周囲の大人や友人に好かれ、そして困っている人を放っておけない、正義感の強い人でした。

小学校低学年までは、とてもおっとりしていたそうですが、その頃の姉を私はよく知りません。私が小学校低学年の頃はいつも、自由気ままに遊びまわっていた私の手を取り、家に連れて帰り、母が帰ってくるまでにお風呂掃除や布団敷きをしておこう、などと提案しました。

クリスマスや誕生日には、姉の提案で両親に、サプライズのプレゼントをしたりもしました。

また、高校受験や大学受験の時には、バックの中やお弁当包みの中などに、「深呼吸して」「いつも通りに頑張れ～」などと書かれた手紙が、いくつも添えられていたものです。

のびのびと育った私

そして私は、次女として生まれ、とてものびのびと育ちました。

小さい頃は、いつも母の周りをついて回り、歩く時は右手に母、左手に姉というように手をつなぎ、寝る時も母と姉の間、食事を食べるテーブルの席まで、私が決めていました。

外に出ると引っ込み思案なところがあり、あまり自分の意見を主張したり争ったりすることはなかったですが、家の中ではとことん自分の意見を主張し、自由に過ごしていました。

いつも一緒

次女として生まれた私は、当たり前ですが姉のいない人生を過ごしたことがありません。

物心ついた時から、いつも隣にいる存在で、小さい頃から姉を見て育ってきました。保育園に通っていた頃は、絵を描いたり、泥んこ遊びや川遊びをしたりと、毎日本当にたくさん遊んでいました。小学校に入ってからも、週末には家族で動物園や山登りに出掛け、仲の良い友達たちと遊びに行ったり、映画を見に行ったりして過ごしました。

姉は、小学校低学年の頃は、ランドセルを忘れて学校に行こうとするほど、のんびり屋な性格だったようです。

そんな姉は小学校高学年に入り、急に熱心に勉強に取り組むようになったそうです。

私の記憶の中での姉は、おそらくこの頃からなので、小さい時から、「しっかりした姉」のイメージが強いです。

小学生〜中学生の頃

姉は学級委員、部活動、勉強と多忙な生活

しっかりした姉をお手本に

私が小学校高学年、姉が中学生となった頃には、より一層「しっかりした姉」のイメージが強くなっていきました

姉は中学で学級委員を務め、毎朝早起きをして近くの公園でランニングをし、部活動の朝練に通い、休日も勉強に部活にと、忙しく過ごしていました。わが家の昔のエピソードに、姉が修学旅行に行った途端、私と母が朝寝坊をした、というものがあります。

そのくらい、姉が毎日規則正しい生活をこなしていたことが分かります。

私は、中学生になると姉のあとをたどるように、同じく学級委員を務め、部活動にも熱心に取り組みました。

中学生までの私は、何かと「○○さんの妹さん」と言われることが多く、誇らしくもあり、比べられたくない気持ちもあり、複雑でした。

私が看護や医療の分野に興味を持ち始めたのも、中学生の頃です。ナイチンゲールの人生に感銘を受けた私は、自然と「看護師になりたい」と思うようになりました。

高校生の姉

ぷつんと糸が切れたように

進学校

姉は、熱心に勉強を続け、県内でも有名な進学校へ合格しました。

そして、高校生になってからは、より一層勉強に、部活動に、学校行事にと全力で取り組んでいました。休みの日に遊びに出掛けることも少なくなり、テスト前などは特に、ほんの少しの外出でもためらうようになりました。

片頭痛、体重の増加

大学受験を控えた頃から姉は、片頭痛などの体調不良を訴えたり、うまくいかない時にはイライラして大きな声を出したりするようになりました。

チーズや甘いお菓子、お肉などを見つけては食べるようになり、私と母は、もらい物のお菓子などを見つからないよう、棚に隠したりするようになりました。また、体重が増えていった姉は外見が少しぽっちゃりとし、さらにイライラに拍車をかけているようにも思えました。

私はそんな風に変わっていく姉を心配することはできず、「また食べたの」「また太るよ～」などと、からかうような言葉をかけることもありました。

そして、私はなぜか、家族そろって出掛けることにものすごくこだわり、嫌がる姉を無理やりにでも外に連れ出そうと必死でした。

今までできていたことが全くできなくなった

後から聞いた話ですが、その頃から姉は、今までできていたことが全くできなくなり、ぷつんと糸が切れたように気力がなくなってしまったそうです。

希望の大学はあったが、その学校を受験する気力・体力はとてもなかったと言います。

それでも姉は、それまでの成績の成果もあり、難関私大へ推薦で合格を果たしました。

難関私大へ推薦で合格

姉が大学生になってからは、私はごく普通に姉が大学に通っているものと思っていました。

サークル活動もしていましたし、大学で勉強してきたフランス語を得意気に話したり、興味のある活動にも積極的に取り組んだりしていたからです。

強いて言えば、周りの大学生と比べ、特におしゃれもせず、遊びもせず、恋愛をしているようすもない姉を見て、もっと大学生らしくすればいいのに、などと思っていました。

私自身は、高校受験に向け、友達と近所の塾に通いながら、合格圏内の志望校へ無事合格しました。

高校生になった私

憧れの高校生活を満喫

看護師になる夢に向けて

私は高校に進学。中学時代に引き続き、部活に勉強にと忙しい日々でした。憧れの高校生活はとても充実していました。そして、中学生の頃から、漠然と看護師という将来を思い描いていた私にとって、高校時代はその夢を具体化してゆく3年間となりました。後に卒業校となる大学に受験校を決めてからは、勉強と面接の練習、そして小論文の練習にと毎日必死でした。

姉からは、使っていた問題集をもらったり、試験勉強の仕方やコツをいろいろと教えてもらったりしていました。

祖父母の介護に多忙な母

高校生の頃はよく母方の祖父母の家に通っていました。

祖母は、私が高校生の頃から徐々に認知症の症状が出始め、持病もあったため、何度かの入退院を繰り返したのち、施設に入り、そして病気で亡くなりました。その後、祖母に続くように祖父もがんを患い、通院生活が始まりました。祖父の病状は1年ほどかけて徐々に悪化し、最期は自宅に帰ることもかなわず、病院で亡くなりました。

その間の数年間は、母は毎週のように祖父母の家に通い、見舞いや面会、通院にと飛び回りながら、平日はパートと家事をこなしていました。

大学生の姉

すぐに病院受診を！

突然の連絡。「統合失調症」の診断

姉はその頃、大学生活も半ばでしたが、ある日突然、姉の大学の保健室から父へ連絡が入り、姉が精神的に不安定な状態であるため、すぐに病院受診をと呼び出されたそうです。

父としては、寝耳に水、何事かと驚いたそうです。両親と姉は精神科のクリニックを受診しましたが、短時間の診察だけで、「統合失調症」を告げられました。

そこからは、「本当に病気なのか?」「違う病気なのではないか」と、思い悩む日々が始まりました。姉は毎日のように頭痛や吐き気、肩こりや腰痛などを訴え、大学やバイトから帰っては、自室にこもることが増えていきました。

頭痛が続くため、頭の画像検査をしたこともありますが、器質的な異常は見つかりませんでした。肩こりや腰痛も続き、整体に通ったり、鍼灸院《しんきゅういん》に通ったりもしていました。このころ姉は、家にいることを苦痛に感じ、カフェなどで時間をつぶしてから帰るようにしたり、ランニングに行くと言って家を出て、公園で時間をつぶしたりしていたそうです。

理解できない

私は当時そんな姉を理解できず、毎日のように顔を合わせてはけんかをし、貸した雑誌がちょっと折られて返ってきたり、洗面台で歯磨きのタイミングが一緒になったりするだけでも、イライラして怒っていました。

姉が大学を卒業し、私が大学生になってからも、その状況は変わりませんでした。私は両親から姉の病気のことを知らされましたが、全く信じられない気持ちでした。

大学を卒業した姉

家族は周囲の目を気にして家族内だけの隠し事に

落胆

姉は大学を卒業後、医学系の専門職を目指したいと専門学校に進みました。初めの一週間、すごく気合を入れて勉強に取り組んでいるようすでしたが、その気力はやはり続かず、1カ月余りで退学しました。

家族は皆、がっくりと肩を落としました。

退学後は、毎日自室にこもり、食事の時だけ何とか説得して外に出てくるような生活でした。

周囲からの視線を気にする家族

家族は姉の機嫌に敏感になり、家庭内にはいつも緊張感がありました。

姉の機嫌が良くない時、私と母はよく夜の散歩に出掛けました。近所の雑貨屋さんや薬局などを見て回り、気を落ち着けていました。

姉はいつもイライラしているようすで、廊下のドアをバタンと大きな音を立てて閉めたり、浴室のドアを勢いよく閉めて壊したりしたため、母は「ドアはやさしく閉めよう」と書いた紙を壁に貼りました。

そしてまた、ドスンドスンと足音を立てて歩いたり、大きな声を出したりするため、家族は専ら周囲からの視線を気にしていました。マンションに住んでいたこともあり、隣人から苦情が来るのではないか、ほかの家庭からどのように見られているのだろうと気が気ではありませんでした。

母は知り合いに会うたびに、「娘さんはどうしているの?」などと聞かれ、「人に会いたくない」と言っていました。

母と同様に私も、「お姉ちゃんはどうしているの?」という質問にとても敏感になり、そんな時はなんとか話題をそらそうと必死でした。

就労移行支援事業所から介護職へ就職の姉

「普通に見えるから大丈夫」と思い込んでいた

精神障がいだから、嫌なことも我慢し続けなければいけないのか

そのうち姉は、母が探してきた就労移行支援事業所に通い始め、その後、介護職へ就職しました。初めのうちは、家でも利用者さんの話をするなどして楽しそうでしたが、数年がたつうちに職場環境に疑問を感じるようになり、不満を漏らすことも多くなりました。

ある日、いつものように不満を口にする姉に、「雇ってもらっているんだから。自動車の運転などできないことはやってもらっているんだし、人間関係が悪いことくらいは、どんな職場でも多少はあるよ」と家族で話していたところ、姉が、「私は精神障がいだから、この先ずっと雇ってもらっているのだからと、我慢し続けなければいけないのか」と言ったことがありました。

その言葉は衝撃的で、よく覚えています。

普通にしていれば、すごく普通に見えるよね

その頃の私は、看護学生として夢に向かって勉強を進めていました。大学では友達もでき、恋愛もし、サークルやアルバイトも始め、大学生活を満喫していました。

平日は2時間もかけて学校に通い、休みの日はバイトに遊びに、そして看護の勉強にと明け暮れていたので、家にいる時間は、夜ご飯と寝る時間だけ、といった生活でした。

気の許せる親友がいましたが、どうしても姉のことは話せませんでした。当時付き合っていた人には打ち明けていましたが、それも1年以上の時間がかかりました。彼は姉のことに理解を示してくれ、彼と姉とで一緒に遠出をしたこともありました。

姉も姉で恋人がいたので、休日にはデートをするなどして過ごしていたようです。

「普通にしていれば、すごく普通に見えるよね」と、当時母と話していたことがあります。

平日は仕事をし、休日はおしゃれをしてデートをしたり、友人と遊びに出掛けたり、時には疲れたとぐったりしていることもありましたが、それはどんな人にもあり得ることだと思っていました。

今では、「普通に見えるから大丈夫」ということではなく、本人がつらいと感じているかどうかが、とても大事なポイントだと分かるのですが、その頃は「普通にしているから大丈夫」などと、何の根拠もなく考えていました。

大学で看護学を学ぶ私

精神疾患を学べば学ぶほど……

一層の「偏見」。上っ面の「理解」

姉の病気を知ってからは、大学で私は、精神看護領域の勉強も興味をもって聞くようになりました。しかし、勉強をすればするほどに、その病気の特徴的な症状と姉の状態とは、かけ離れている気がして、「姉は本当に統合失調症なのだろうか、本当に病気なのだろうか」という疑問は拭えませんでした。

勉強と実習を通して知識だけは増えてゆき、そして同時に、世間から精神疾患患者に向けられる視線の冷たさや、偏見の根深さに気づき、私は一層かたくなに、ほかの人には話さないようにしようと思ったものでした。

一方で、姉のことを少しでも理解できたらと、卒業研究では精神疾患を抱えた方の就労支援について考察をしました。

実際に就労移行支援事業所で体験をし、インタビューをもとに分析をしていきましたが、その内容は今考えると、とても上からの目線だったと感じます。「小さな成功体験の積み重ねが自信につながってゆくのだから、自信をつけられるよう、肯定的な声掛けを」などと言うことは簡単ですが、実際に姉と関わっていれば、嫌なところばかり、できていないところばかりが目につい て、「ああすればもっと良くなる、こうすればいいのに」と、姉にはできないことばかりを押し付けていたように思います。

姉のつらい気持ちや、身体面での不調に寄り添うことは、全くできていなかったのです。

コミュニケーションは到底うまくいくことはなく、姉との関係は、なかなか良い方向へは進みませんでした。

社会人の私　総合病院へ就職

憧れの一人暮らし、姉との同居

「私のところで一緒に住む？」姉と同居

私は総合病院へ就職し、急性期病棟へ配属となりました。

新人時代は分からないことばかりで、毎日の業務に勉強にと必死でした。また夜勤も始まり、私生活を楽しむこともままならないまま、目まぐるしい日々を過ごしました。社会人になってからは、憧れの一人暮らしを始めましたが、家事と仕事の両立は想像以上に大変で、理想的な生活とはいきませんでした。家族は私の仕事を応援してくれており、私の止まらない仕事話も楽しそうに聞いてくれました。

社会人3年目となった私は、職場での役割も増え、より一層仕事に関わる時間が増えていきました。その頃の姉は、付き合っていた人と別れ、そして以前からの仕事に対する不満もピークになり、退職を決意していました。

そして、「私も家を出たい」としきりに言っていました。私自身も、ちょうど付き合っていた人と別れ、新しい家で生活を始めていたところだったので、「私のところで一緒に住む？」と提案をしました。その時の姉はすごくうれしそうで、枕と少しの荷物を持ち、その夜から私の家へやってきました。

楽しい日々は長くは続かなくて

始めの頃、休日には一緒にショッピングに行くなどして過ごしました。姉は、私のために朝ご飯、夜ご飯を毎日作ってくれました。

楽しい時間もありましたが、ずっと楽しく過ごせることはなく、一緒にカフェでお茶をしても、家でご飯を食べていても、病気になった自分がどんなに苦しい思いをしてきたかということを、姉は私に話し続けました。「30歳になったら、死のうと思っているから」などと、平気な顔で言うこともありました。私も体力があるうちはいいのですが、自分自身にも仕事があり、うまくいかずに落ち込むこともたくさんあったため、そんな時の姉の話はずっしりと心まで疲れ果てさせました。

そのうち、ささいなことで私は怒るようになり、あれはしないで、これもしないでと姉に言い続けました。

やがて、日勤と夜勤の間の数時間は、姉に外に出ていてもらうようにまでなりました。

その頃、「妹に迷惑をかけてしまっているから早く家を借りないと」と話していたと、後に姉の友達から聞きました。

姉との離別

「家族とも友人とも一切の縁を切る」と

姉は「ある人」にすがり始め

姉はその頃、病気を治したいとすがる思いで「ある人」を訪ねていました。

その人は、薬を飲むのはやめ、「言葉」を唱え続けることを姉に促しました。

姉はそれから、私が眠っている時でもごく小さい音で「言葉」を流し続けるようになり、一緒に出掛ければ、「邪気がある」などと言って、人目も気にせず小さなスプレーに入った水をまき始めました。

姉が出ていく前の日に

ある日、私が姉への不満をぶつけていると、それまでは静かに耐えていた姉が、せきを切ったように大きな声で怒りはじめました。

私は驚いてしまい、恐怖すら感じました。それからすぐに、姉は自力でアルバイト先を見つけ、アパートを借りました。

姉が出ていく前の日に、就職祝いにと私がスーパーで買ってきたケーキを一緒に食べ、姉は私が仕事をしている間に引っ越しを済ませ、あっけなく出ていきました。

絶縁宣言

姉が引っ越してからは、だんだんと連絡が遠くなり、ある日、連絡を取っていたアプリのアカウントが削除されました。

電話をしてもつながらず、手段を失った家族は、姉のアパートを訪ねました。姉は、すぐに出てきて「携帯を落としちゃって、全部止めてもらったの。大変だったよ。復活させたら、すぐ連絡するから」と言いました。しかし、数日過ぎても姉からの連絡はなく、アパートを訪ねても居留守を使うようになりました。せめて生存確認だけはと、休みの日には家族でアパートまで行き、明かりがついているかを確認しながら、どうにかコンタクトをとろうと模索していました。

そんなある日、急に姉から家に連絡が入り、話があるから会おうということでした。私は、久々に会えて少しほっとしたのもつかの間、姉の話は、「これから先、家族とも友人とも一切の縁を切るから、もう一生会うことはない」というものでした。

続いて姉は私に、「あなたは今までもこれからも、誰からも愛されることはないし、今倒れたとしても誰も心配などしないよ」などと、私の全てを否定しののしる言葉をかけました。私は衝撃のあまり、返す言葉も浮かびませんでした。

姉は最後に、「でもアパートにも住まわせてくれて、感謝もしているよ、元気でね」と言い、別れました。

後悔し、泣きました

それからの日々は、姉に言われた言葉が繰り返し頭の中を反すうし、そして自分が今まで姉にかけてきたひどい言葉が思い返され、後悔し、泣いていました。夜布団に入ると、「本当に死んでしまったら、どうしよう」と不安が押し寄せてくることも何度もありました。

姉との唯一のつながり求める両親

両親も大きなダメージを負っており、仕事に身が入らないからと、母はパートを辞めました。そして、両親は毎月、姉の信頼する「ある人」のところへ通い続けました。父はその時のことを、「姉との唯一のつながりだから、切ってしまってはいけないと思った」と話していました。

そして母は私に、「姉のことは親に任せて、あなたはあなたの人生を」と言いました。この言葉は、母が私の人生に姉が負担になってはいけないと思って言ってくれたものですが、私にとっては、ひとり家族から切り離されるような感覚になったものでした。

再会

姉の病気と向き合う

見ないふりでは過ごせない

姉と連絡が取れなくなってから、1年以上が過ぎた頃、突然家に姉から連絡がありました。

それから、本当に少しずつ、父と姉とで連絡を取れるようになっていきました。

その頃、看護師5年目を終えた私は、次へのステップのため退職を決め、そして半年間は、仕事をせずに姉のことに向き合いたいと考えました。

私自身、姉のことは親に任せて、自分の人生を過ごしてゆく選択肢も可能でしたが、毎日毎日姉のことを思い出しては、もやもやとした気分は晴れず、楽しいことをしていても、姉のことが頭の片隅にちらついているような生活でした。

家族会議「姉が幸せに生きられるようになるために」

問題を見ないふりをして過ごしていると、心の底から幸せを感じることができないと気づいてからは、これはもう真正面から向き合うことでしか先へ進まないのでは、と思うようになりました。

「自分の人生を、姉のことを抜きにして楽しく生きることは考えられない、どうすればいいのか一緒に考えて、協力し合おう」と両親に伝えると、「よし、やろう」と、わが家の家族会議が始まりました。

家族会議の目標は、「姉が幸せに生きられるようになること」でした。

他にも、病気が治ること、家族一緒にいられることなど、案はいろいろとありましたが、最終的に本人が幸せに生きられればという母の思いから、この目標が立てられました。

母は、「もし、本当に家族と離れて『ある人』たちと一緒に過ごすことが幸せなのだとしたら、そういう選択肢もあるのかもしれない」と、悲しげに言っていました。

両親と3人で家族会に参加

家族会議を始めてからは、それぞれ役割分担を決めながら、具体的にどんなことをしていくのか話し合いを進めました。

まずは他の人から参考になるアドバイスをもらえればと、母が情報を集めていた家族会に入ることとしました。家族会とは、同じように精神疾患がある当事者の家族が集う場所で、定期的に集会を開き、情報を交換したり思いを共有したりできる場所です。

それぞれの家族会によって特色もさまざまで、集会の開催頻度も変わってきます。ホームページで調べるとすぐに出てきますので、私たちもインターネットで探しました。場所は、近すぎず遠すぎず、そして、より細かな情報を得られるようにと、姉の生活圏内にある家族会を選びました。

両親と3人で参加し、初めて家族以外の誰かに話を聞いてもらうことによって、私たちは少しずつ心を開いていきました。

家族会の方々は、私たち家族の話をしっかりと聞いてくれた上で、「うちも同じ」「そういうこと、あるよね」と共感の声をたくさんかけてくれました。

精神疾患のある姉が恥ずかしいと、一番思っていたのは私だった

そして、私には「あなたは、きょうだいではあるけれど、自分の人生を考えて、自分が幸せになる道を選んでいい。当事者本人も、きょうだいの幸せを望んでいると思うから」と声を掛けてくれました。

その言葉は、母から掛けられた時とはまた違った印象で私の心に響き「自分自身のことも、もっとしっかり考えて向き合おう」と思わせてくれました。

それを機に私も、信頼できる友人たちに姉のことを打ち明けました。友人は、とてもすんなりと受け入れてくれ、「話してくれてありがとう」と言ってくれました。

それは私にとって、自分自身が抱えていた偏見に気づく、とても大きな出来事でした。

「精神疾患のある姉が恥ずかしいと、一番思っていたのは私なのだ。姉が病気であっても、私は私で変わらないのに、何を今までこんなにもかたくなになっていたのだろう」と思わせてくれました。

「もうだめだ、助けて」送られなかったメッセージ

そんなある日急に、またぱたんと姉と連絡が取れなくなりました。姉はその頃、最も信頼をしていた「ある人」から拒絶され、精神的にかなり不安定な状態に陥っていました。

どうにか家族でアパートを訪ね、久しぶりに見た姉は、疲れた感じでしたが目はぎらぎらとしていて、異様な雰囲気がありました。妄想と現実が混じり合ったような話もしており、病院に行こうと提案するも「もうちょっと待ってほしい」と言われ強制はできませんでした。

病院受診につなげるためにはどうしたらいいのかと、家族会の皆さんからもたくさんアドバイスをもらい考えながら、「待っていてほしい」と言っていた姉からのレスポンスを待ちました。

そんなある日、父の所へ姉から連絡が入りました。

異変を感じた父は、すぐに母と私に連絡し、それぞれが姉のアパートへ向かいました。父と母がアパートに着くと、土気色の顔をした姉が、ぐったりと座っていたそうです。両親は慌てて夜間救急病院へ連れて行き、私はその

病院で落ち合いました。その日は頓用の安定剤のみ処方され、早めにかかりつけ医に受診をと言われました。

後に姉の携帯を整理していた際、私に宛てた「もうだめだ、助けて」というメッセージが、未送信のまま残されていました。

姉は、「送ったと思ってたけど、力尽きて送れてなかったんだね」と言い、私は姉の苦しかった状況を思い、涙が出ました。

姉の発症から10年

病気への家族の理解

長い夜

姉を連れて実家に戻った夜、姉は落ち着きなく動き回り、何度も外へ出て行こうとしました。その時の姉の力はものすごく強く、3人がかりでも制止できないほどでした。私と母は寝た状態で神経を研ぎ澄ませ、父は飛び出す姉を抑えられるよう玄関で待機しました。

後から姉に聞いたところ、「家にいたら家族に迷惑がかかるから、そこにいてはいけない、という声がした」と言っていました。

姉に話しかけると、顔は私のほうを向いているのですが、瞳孔は大きく開き、視線は私の頭を突き抜け、その後ろを見ているようでした。

「何か、見えるの？」と聞くと、姉は「うん」と答えました。

この時、ようやく私は「これは本当に、病気なのだ」とやっと理解したのです。

姉が発症してからそこまで、10年以上もたっていました。

その晩は誰も眠れず、本当に長い夜でした。

朝になり、かかりつけのクリニックへ受診をすると、そのまま紹介病院へ入院となりました。姉は、何も抵抗することなく、入院に応じました。入院後は、主治医の先生と話し合いながら薬剤調整をし、徐々に顔つきも変わっていきました。

私と母は、2日に1回は面会に行き、父も仕事が休みの日には一緒に面会に行きました。

退院後の生活については、家族で心機一転しようと、新しい家に引っ越すことになりました。入院中に新居を決め、退院数週間後には引っ越しをしました。

それまでは、姉がもう一度、一人暮らしをしていた家でしっかり暮らしたいと希望したので、家族が交代で泊まりながら、引っ越しまでの日々を過ごしました。

家族の今

姉は就職、私は結婚

家族や私に偏見がなければ、病気の悪化を防げたかもしれない

転居後は、姉は近所のクリニックへ通院しながら、薬剤治療を続けています。訪問看護を利用し、就労移行支援事業所にも通いながら、将来の仕事について考えていた頃、現在の職場から誘いを受け、就職を決めました。

私は、実家を離れ新しい場所で看護師として働くこととなり、今は時々家族とテレビ電話で近況報告などをし合っています。引っ越し後、知り合った人と結婚することとなりましたが、姉の病気のことを言いづらいと思うことは全くありませんでした。

姉の入退院を中心とした激動の期間を振り返ると、母と私が2人とも仕事を退職しており、時間を自由に使えたこと、また父もフリーランスで仕事をしており、時間の調整を付けられたことが、変化に対応できた大きな要因だったと思います。

自分自身の仕事や学業、または家庭を持ちながらこの状況に対応するとしたら、かなり難しかっただろうと思います。だからこそ、家族以外にも頼れる人間関係を構築することや、ネットワークを作っておくことが、家族にとっても大事なことだと感じています。

私が今思うことは、自分自身や家族の中に、病気に対する偏見がなければ、もっと早くに周りの人に相談し、姉の病気の悪化を防げたかもしれない、ということです。

病気を負い目に感じることなく生きてゆける社会を

私は、「姉が精神疾患だと言ったら、友達や周りの人に引かれてしまうかも」という偏見を、家族は、「病気だと知られたら、白い目で見られるのではないか」という偏見を、そして姉自身は、「病気のせいで、私は幸せになれない」という偏見を抱え、自分自身を苦しめ続けていたのではないかと思います。

そんな偏見の壁を作り出しているのは、自分自身の思い込みでもあり、周囲の人から何気なく発された言葉や、インターネットや会員制交流サイト（SNS）での書き込みなどさまざまだと感じます。

もっともっと社会が、思いやりあふれるものとなり、病気のある本人やその周囲を取り囲む人が、病気を負い目に感じることなく生きてゆける社会になることを願っています。

きょうだい、家族へのメッセージ

自分ひとりで苦しまず、相談してみてほしい

当事者には当事者同士のコミュニケーションの場があるように、家族には家族、きょうだいにはきょうだいのコミュニケーションの場もあります。

きょうだいの方々と実際に話してみると、境遇は全く違っても、立場が同じだからなのか、共感できる思いがたくさんあることが不思議です。そして、思いの共感だけでなく、役立つ情報を多く得られます。

参加するには少し勇気がいるかもしれませんが、その一歩を踏み出す勇気を持つことで確実に前に進むことができます。

参加したからといって、自分の情報をすべて開示する必要はないですし、言いたくないことを無理に言う必要はありません。ただ、そういった場所に何度か足を運んでみることで、「この人の話なら聞きたい」「この人に話を聞いてもらいたい」と思える人がいると思うのです。

自分ひとりで苦しまず、相談してみてほしいです。

（２０２１年　記）

それから3年後の今

2024年4月

後悔

執筆から約3年の時が過ぎ、久しぶりに文章を読み返してみると、涙が止まらなくなりました。

私はなんてひどい妹だったのだろう。

どうして姉が不調を訴え始めた時に、もっと親身になって心配できなかったのだろう。

どうしてあんな言葉をかけてしまったのだろう。

考え始めれば、後悔は尽きません。

しかし、それも今だからこそ言えることです。

当事者ときょうだいは年が近いことも多く、当事者の発症が思春期であれば、きょうだいも同じように思春期であることが多いのです。

学校の勉強に、部活に友人関係に……自分のことだけでも悩みがいっぱいで、きょうだいの状態を俯瞰《ふかん》して見たり、冷静に対応したりすることなどできるはずもないのです。少なくとも、私自身はそうでした。家族だからこそ、毎日毎日、一緒に過ごしているからこそ、「そのくらい大丈夫」と言ってしまいがちでした。当時私がひどい言葉をかけてしまったことを、姉が回復してから謝ると、姉は「いいよ」と言ってくれましたが、本当のところはどうなのかは分かりません。私自身も姉からいろいろとショッキングな言葉を受け、当時は頭がフラフラするほどでしたが、今となれば何を言われたのかほとんど忘れてしまいました。

あれは病気が言わせた言葉で、本当の言葉ではない、と思っています。

孤独

当時のことを振り返ると、私たち家族はそれぞれ皆、孤独だった、と感じています。

私は理想のお姉ちゃん像を姉に望み、そしてそれを姉に押し付けてはどんどんと深みにはまっていきました。友人や恋人には、そんな状況が恥ずかしくて相談もできず、一歩外に出れば、仲の良い姉妹を装っていました。

母も父も同様に、仲の良い友人にも、祖父母やおじ・おばにも姉の状況を伝えられず、近況を聞かれれば、それとない言葉でごまかしながら、平静を装い、孤独だったのではないでしょうか。

姉は姉で、家族にも自分のことを理解してもらえず、友人は皆大学を卒業して就職し、仕事をしたり結婚したりとそれぞれの道で輝いており、どんなに悔しく悲しい日々だっただろうと思います。

そして、今

今、姉は回復後に勤めた職場で継続して働いており、毎日忙しそうに過ごしています。

当時は乗ることが難しかった電車も、いつの間にかマスターし、毎日電車で通勤し、休日は職場の同僚や友人とショッピングに出掛けたり、両親と一緒に花見をしに行ったり、趣味のクッキングスクールに通うなどしているようです。

姉が当時、自ら縁を切ってしまった友人たちとも、少しずつつながりが戻り、一緒に出掛けたり連絡を取ったりしているようで、私もうれしい気持ちです。

そして、現在は実家で両親と暮らしている姉ですが、いつか出ていくその日に向けて、こつこつと貯金をし、アプリでのマンションやアパート探しに余念がありません。退院後、月に一回の注射剤の投薬に切り替えてからは、それ以外の内服も必要とせず、病気の再発なく過ごせていることが何よりと感じています。

父と母は、毎日何かと忙しくしており、なるべく長く健康で過ごせるように考えているようです。姉は病気からの回復の過程で、知らず知らずのうちに体重が増えてしまったため、両親も一緒になって減量計画に精を出した結果、両親のほうがみるみる減量し、今では健康オタクです。

私はというと、結婚を機に実家から遠く離れた南の島に移住し、出産を経て母となり、毎日の育児に奮闘しています。出産の際には実家に帰省し、出産後の約3カ月間、心身ともにボロボロの状態を支えてもらいました。

帰省中、両親が感染症にかかり、隔離生活を余儀なくされるというハプニングがあったのですが、その間、姉は仕事の調整をし、朝昼晩と食事を作って運び、買い物に行き、その他の家事を完ぺきにこなしており、私よりも、ちゃんと、一人暮らしをしていたんだなあと思ったのでした。

「あなたはあなたで、幸せになっていい」

私が今、伝えたいことは、きょうだいは「あなたはあなたで、幸せになっていい」という言葉です。

これは私の言葉ではありませんが、私自身がこの言葉をもらい、救われました。

きょうだいというのは不思議なもので、他人であるのに他人でないというか、きょうだいが「病気」になった時、それは他人事ではなく自分事なのです。

小さなころから同じように育ち、同じ気持ちや時間を共有してきたからこそ、きょうだいが大変な思いをしている時に、私だけが普通に過ごしていていいのだろうか、と感じてしまうのです。

きょうだいと自分の幸せは切り離せないとは思いながらも、自分自身が幸せになることに後ろめたさを感じなくてよいのだと思います。

自分自身の幸せを考えることが、きょうだいの幸せにつながっていくことを願って。

4

周りの助けを借りて「自分の人生」を考えられた時、未来をつかんで歩んでいける力になった

●木村諭志（執筆時30代、弟の立場）

私は、４歳年上の統合失調症の姉を持つ弟です。姉は高校生の時に発病し、その時私は中学生でした。当時を振り返ることには慣れているとは言えませんが、今までの人生をライフサイクルに沿って振り返る中で、感じた思いを率直につづっていきたいと思います。

●看護師として多忙な日々
自分の人生、家族の人生

家を離れて看護師になった私は、恋愛もし「自分の人生を歩んでいる」気持ちに。姉は症状が進行し入退院を繰り返し、一度入院すると長期間にわたった。

●オーストラリアでのワーキングホリデーは一生の宝物

30歳を機に退職しワーキングホリデーで海外へ。父の大反対を押し切って、半ば強引にオーストラリアに行った。姉のことは忘れてしまうくらいの自由は夢のような生活で、一生の宝物に。

●実家に戻り精神科看護師に
教えることへの興味募る

帰国後、私は実家に戻り近隣の病院の精神科看護師に。姉の存在を隠してきた自分を恥ずかしいと思うようになっていった。同時に家族の立場で考えられる看護師の育成が重要だと考えるようになり、大学への進学を決めた。

●大学生活で「きょうだい」を
研究し自分自身と向き合う

大学できょうだいに関する研究を通じ、自分と向き合うことはとてもつらかった。他のきょうだいが自身の人生を歩んでいることを知り、「姉の面倒を見なければいけないとしか思い描けていなかった未来だけが全てではない」という思いに変わっていった。

●結婚
自分の家庭を築く勇気を得て

この頃の私は結婚観については皆無なままだった。出会えた研究者から「きょうだいはきょうだいの人生がある。結婚して家庭を築いても良いのでは」と言ってもらえたことで、自分の幸せを考えることができ家族を築きたいという気持ちが勝っていった。

姉のことを伝え彼女にもご両親にも理解してもらうことができた時には、自分が抱いていた抵抗感がうそみたいに晴れてとてもうれしかった。

●これからの私
唯一無二の弟として

私が実家を離れた今も、姉は10年以上入院を続けている。これが正解なのか分からない。後悔は尽きないし、今後の不安も拭えない。

兄弟姉妹の会とつながり自身の価値観を変える貴重な体験となった。

初めて、自分は存在して良いのだと思うことができ、教員になりたいと思えるようになった。

時間は掛かってしまったが、自分の人生も大切にしていきたいと考えている。

それから3年後の今／2024年4月

木村諭志さんの history

●幼少の頃
いつも一緒の姉、子煩悩な両親

子ども服の店を経営する両親。
仲良しの姉と甘えん坊の私。

●高校生の姉が急変した！

姉の高校の修学旅行先から「様子がおかしい」と連絡。両親は夜中に迎えに行った。姉は部屋に閉じこもり次第に訳が分からないことを叫び出し、私に殴りかかってくるようにも。警察に対応してもらうこともあった。精神科にも掛かったが診断はつかなかった。中学生だった私が姉のことや薬の管理まで任され、両親からは「お前が面倒を見ろよ。姉のことは周りには誰にも言うなよ」と言われた。

●中学生の私
和やかだった家庭の崩壊

姉は入退院を繰り返すように。和やかだった家庭が姉の発病を機に崩壊。
家族だけで閉じこもり社会から取り残されているような感覚だった。

●中３の私
どうにでもなってしまえ

学校に行かない、家出をする、ゲームの世界に入り込む……中３になった私は、本当につらく苦しく、どうして良いのかも分からずに、たった一人ぼっちで途方に暮れていた。自分なりの精いっぱいのＳＯＳだった。

●高校生の私
自分の人生って何だろう

私は高校に入学。姉も高校を卒業したが家族は姉の幻覚・妄想に振り回されていた。私は自分の先が見えない中、深く考えずに人と関わりが少ないプログラミングの専門学校に進学。しかし１年足らずで退学し、ネットゲームにはまっていった。素の自分でいられるその異次元だけが私の居場所になっていた。

●福祉の専門学校へ進学した私
初めてのやりがい

大好きな祖母が老人保健施設に入所。認知症になっても、私に優しい祖母が大好きだった。祖母の面倒を見てくれる介護福祉士を知り、私は特別養護老人ホームでアルバイトを始めた。看護師を目指そうと学校に進学した。

●看護学校へ進学
実家から出る決意

卒業後は老人ホームでアルバイトしながら看護の専門学校に通い始めた。ここで初めて姉のことを教員に相談。教員からは「家族の距離感が大事」と。その言葉で、就職をきっかけに実家から離れる決心がついた。しかし、父は大反対。家を離れる決断には後ろめたい気持ちでいっぱいだった。

幼少の頃

いつも一緒の姉、子煩悩な両親

尊敬する姉

私は、両親と４歳年上の姉とのいたってどこにでもいるような４人家族で育ちました。近所には祖母も住み、毎晩５人で和やかな食卓を囲んでいました。家族関係は円満で、毎月、祖母を含む家族全員で車に乗って、先祖のお墓参りに出掛けたり、各地のテーマパークへ旅行したりしていました。

当時、両親は子ども服の店を経営しており、父は保育園で保護者会役員をしていました。母は姉や私にピアノ、水泳、塾等の習い事に通わせ、私が友人と英会話を習いに行きたいという願いも聞いてくれました。

そんな子煩悩な両親に、末っ子である私は、甘えることが多かった気がします。

ただ、犬を飼うことだけは許してくれなかったことをよく覚えています。

姉とは、きょうだいげんかはするものの仲が良く、部屋が同じで、家ではいつも一緒に過ごしていました。

小学校低学年の頃は、高学年の姉と姉の友人と共に登校していました。引っ込み思案だった私を、引っ張っていってくれる頼りになる姉でした。

姉の中学校入学を機に部屋は別々になりましたが、はやりの音楽や漫画等、少し先のことを教えてくれる姉を、私は尊敬していました。

高校生の姉

急変

「ようすがおかしい」。姉の修学旅行先から

私は中学生、姉は高校生になりました。

その頃には、少子化のあおりを受けて子ども服の店を閉め会社員となり、両親は共働きをしていました。私たちは、それまでのように帰れば家に誰かがいる環境から、いわゆる「鍵っ子」になっていました。

そのような状況の中、姉が高校の修学旅行に行っていた時のことでした。突然夜中に、教員から家に電話がかかってきました。姉のようすがおかしいと慌てた話しぶりだったようで、両親は夜中に迎えに行きました。

姉に何が起こっているのか

家に帰ってきた姉は、「悪口を言われている」とイライラしていました。そして、そのまま部屋に閉じこもってしまいました。

部屋に閉じこもる日が続く中、次第に姉は訳が分からないことを叫び出し、私に文句を言いながら殴りかかってくるようにもなりました。急に外へと走りだして近隣の人に怒鳴りだし、警察に対応してもらうこともありました。

私は、何が起こっているのか分からず、豹変した姉の、私をにらむ目に恐怖すら覚えていました。

姉は、近所の心療内科や精神科にも掛かりましたが、当時は診断がつきませんでした。その後も、落ち着いている時もありましたが、粗暴になることは改善しませんでした。

姉のケアを任される立場を強いられ

両親も理解が追い付かず、共働きで仕事に追われていたこともあり、中学生だった私が姉の見守りや薬の管理まで任されました。

世間体を気にした父は私に「お前が面倒を見ろよ。姉のことは周りには誰にも言うなよ」と洗脳するかのように言い続けました。

そして、昔から犬を飼うことだけは絶対に許してくれなかった両親が、少しでも姉の心が落ち着けばと、急に犬を飼うと言い出しました。

私はうれしかったものの、親の行動にどこか納得できなかったのを覚えています。

結果的に、姉は犬にも暴力を振るうようになっていきました。

姉への怒り

姉に何が起こっているのか理解もできないまま、親の変化に戸惑い、弟の立場から姉のケアを任される立場となり、姉と共に過ごす苦痛だけが増えていきました。

親に甘えることはもちろん、誰にも素直に心を開けなくなった私は、姉が変なことを言い始めると薬を飲むように要求し、すぐに犬を部屋にかくまう日々が続きました。

その頃には、姉への恐怖よりも、怒りが芽生えるようになっていて、尊敬する姉の面影すらなくなっていました。

中学生の私

和やかだった家庭の崩壊

祖母の認知症、姉の統合失調症

姉が病気になってからは祖母とも出掛けることが減り、次第に認知症の進行が始まりました。祖母はお金をとられたと言い始め、変なことばかりを話す姉が犯人だと言い出すようになりました。

姉の統合失調症による被害妄想と、祖母の認知症による被害妄想の妄想バトルが始まったのです。当時の私は二人共、何を言っているんだ……という理解不能な渦中にいましたが、暴力を振るうだけの姉よりも、優しかった祖母の味方をするようになっていました。

しかし、父は自分の娘である姉の味方ばかりをし、姉を守りたい一心で祖母をより敬遠するようになり、皆で夕食を共に過ごすこともなくなってしまいました。

母も仕事が忙しく、姉への理解が追い付いていないようでした。

「姉のことは周りには誰にも言うなよ」

両親は、姉と祖母の症状の進行のはざまで、家族の状況を抱えきれなくなってしまいました。

姉は入退院を繰り返すようになり、姉が家にいる時には両親からの私への要求は強くなっていきました。あれだけ和やかだった家庭が、姉の発病を機に180度変わってしまいました。

子煩悩だった両親は現実を受け入れられず、世間体を気にして誰にも相談をすることができなかったのかもしれません。

その結果、家族だけで閉じこもり、私たちは社会全体から取り残されているような感覚でした。

私自身、「姉のことは周りには誰にも言うなよ」という親の強い言いつけもありましたが、誰に相談して良いのか見当もつかず、孤独を感じ始めていました。

中3の私

どうにでもなってしまえ

それは精いっぱいのSOS

学校に行かない、家出をする、ゲームの世界に入り込む……中学3年生になった私は、不満の吐き出し口のない状況に耐えきれなくなり、現実逃避をせざるを得ない状況に追い込まれていました。本当につらく苦しく、どうして良いのかも分からずに、たった一人ぼっちで途方に暮れていました。

そして、どうにでもなってしまえという思いから、怖いものがなくなった感覚にまで陥っていました。

私の中学の担任が家に来てくれたこともありましたが、その頃には自分の気持ちを素直に話すことなどできなくなっていました。

今思うと、誰にも相談できない状況下で、私なりの精いっぱいのＳＯＳだったのだと思います。

私の反抗期ともとれる急激な変化に気づいた両親は、ようやく私にも注目をして、話を聞こうとしてくれるようになりました。

しかし、こんな状況になるまで何も変わらなかった親を信用することは、なかなかできませんでした。

親の愛情を素直に受け入れることができない中、なんとか高校受験だけはすることができました。

高校生の私

自分の人生って何だろう……

家が苦痛

私は高校に入学でき、姉も何とか高校は卒業できました。

両親は、姉が卒業してから、普通に生活できるようにしようと、必死で仕事をさせようとしていました。しかし、症状には波があり、相変わらず家の中では姉の幻覚・妄想に振り回されることがありました。

姉は独り言で、スパイに狙われている等と言うことがありました。そして姉は、何度も私の部屋を隙間からのぞく行為が続きました。

姉は狙われているという恐怖から私の部屋をのぞいていたのかもしれませんが、到底理解できず、思春期の私にとってはそれが苦痛以外の何ものでもなく、プライバシーのかけらもありませんでした。

姉は買い物にも執着し、読みもしない本や雑誌、着もしない服を注文することがあり、その度に親とのけんかが増えていました。

私は家にいることから避けるために、ゲームセンターや友達の家に入り浸ることも増えました。家には友達を呼ぶこともできませんでした。世間体を気にする偏見が自分にも根付いてしまったのか、姉のことを恥ずかしいという思いもあり、姉のことは決して誰にも言えませんでした。

先が見えない

一向に改善しない家庭内に嫌気もさしていたので、互いに関わりを持たない状況が増え、家族でのコミュニケーションはほとんどありませんでした。

自分自身、家の中で何かに集中することもできず、中学生から自分自身を後回しにしてきたことで、正直やりたいこともなかなか考えることができませんでした。

進路選択を迫られた時、私の人生って何だろう……と先が見えない、どうしようもない、どうしていいかも分からないという、不全感にも似た感覚がありました。結果、特に深く考えずに人と関わりが少ないコンピュータープログラミングの専門学校を選択し、通うことにしました。

高校卒業後の私

気づけば20歳

ネットゲームに明け暮れて

私は、コンピューターの専門学校に通い始めましたが、本当にやりたいと思って進んだわけではなく、なんとなく決めて、取りあえず進んだ道でもあったので、つまらなくなり1年足らずで辞めてしまいました。

その後は、小学校の友達と一緒にアルバイトをする日々を過ごす中、当時では珍しいインターネットゲームにはまっていました。姉への不信感やいら立ちは変わらずありましたが、そのネットゲームのファンタジーな世界にいる時だけは、周りの目を気にせずに素の自分で人とつながっていられたような感覚でした。その異次元こそが私の居場所になっていて、心地良かったことをよく覚えています。インターネットゲームに熱中している間は、姉がいくら部屋をのぞこうとあまり気にせずにいられるようになっていました。

しかし、そんなモラトリアムのような時間はあっという間に過ぎ、気づけば1年がたっていて私は20歳になっていました。

ゲームの世界は楽しかったですが、もともと人と関わることが、嫌いではなかった私は、ネット上のつながりに物足りなさも感じ始めていました。

そんな時、インターネットゲームで仲良くなった友人たちとリアルで会うオフ会をすることにしました。オフ会の場所は、ユニバーサル・スタジオ・ジャパン（ＵＳＪ）でした。

現実の世界ではありましたが、姉の発病を機にテーマパークにいくこともしなくなっていたので、ゲーム感覚でも楽しむことができるＵＳＪは、とても懐かしくもあり、楽しかったのを思い出します。

ゲームでつながった友人たちは、年齢もさまざまな人たちでしたが、ゲームの中では分からなかったリアルな友人の生活を知る機会にもなり、自分はこのままで良いのかという疑問を抱く機会にもなりました。

福祉の専門学校へ進学

初めてのやりがい

みたらし団子

私がモラトリアム生活を送っている中、祖母が体調を崩して入院し、退院後は、老人保健施設に入所しました。そこで私は、介護福祉士の存在を知ることになりました。祖母は昔から口数は多くはありませんでしたが、孫である私に優しく、よく2人だけで神社の参拝に出掛けました。

帰りに買ってもらえるみたらし団子がとても楽しみで、今でもみたらし団子を見ると祖母を思い出します。認知症になっても私には優しい祖母が大好きでした。

老人保健施設で、祖母の面倒を見てくれている介護福祉士の存在を知り、私もおばあちゃんの役に立てたら……と、特別養護老人ホームでアルバイトを始めました。今思い返すと、テレビでよく見る認知症はなんとなく理解できていても、統合失調症のことは理解が追い付いていなかったように思います。

看護師を目指し前向きに

福祉の専門学校に入学後は、初めてやりがいが感じられ、前向きに勉強に取り組むことができました。

専門学校では、障がい者についての授業も受け、その中で少しずつ、姉についても理解しようという思いに変わっていったように思います。

そして、働いていた老人ホームで、急変があった時、私に医療の知識がないことにジレンマを感じ、そのことが決定打となり、卒業後は看護師を目指そうという思いに至りました。

両親に相談すると即答で賛成してくれました。私はとてもうれしかったです。ただ、両親は自分たちが亡くなった後は姉の面倒を頼むと言っていたので、むしろ、姉にとって良いとされることだったら何でも喜んで賛成してくれたのかもしれません。

そんな私でしたが、この頃には恋愛にも前向きになり始めることができました。しかし、姉に会わせることで嫌われたくないと思ってしまい、秘密を持ちながらの恋愛はなかなか長続きしませんでした。

看護学校へ進学

家族との距離感。実家から出る決意

初めて姉のことを教員に相談

福祉専門学校を卒業後は、老人ホームでアルバイトを続けながら看護の専門学校に通い始めました。

看護学校では祖母や姉への思いから、より一層必死に勉強をしました。精神看護学実習では、姉よりも重症な人、軽症な人とさまざまでした。

会話がまともにできなくても、どんな気持ちで過ごしたいのかを考えて患者さんの反応を見ながら関わり、患者さんの思いと合致した時の達成感にやりがいを感じていました。

一方、閉鎖病棟や長期入院の現実を目の当たりにし、姉の将来への不安、今後の私が負わなければならない重荷に正直、つらいと思うことがありました。自分の将来に暗い気持ちになっている時、姉のことを教員に相談できました。

その教員からは「家族の距離感が大事」と言ってもらい、その言葉で就職をきっかけに、実家から離れる決心がつきました。

後ろめたさ

ただ、看護師を目指したのも、思春期に自分自身のことを考えられずにいた結果であるのと同時に、親からの期待や、将来は、私が姉の面倒を見なければいけないという思いからでした。

案の定、実家から出ることを父からは全力で反対をされてしまい、離れる決断には後ろめたい気持ちでいっぱいでした。

しかし、今まで家族の距離感を考えたこともなかった私には、その教員の言葉は目からうろこで、決心は既に固まっていました。

最終的には母も味方をしてくれ、看護師としての技術も身につけられるよう、関西の中心にある寮付きの病院に就職するため、実習中で大変でしたが就職活動を決行しました。

脳神経外科の看護師として多忙な日々

自分の人生、家族の人生

揺れ動く思い

看護師になって最初に勤めた病院では、脳神経外科の配属となりました。初めての看護実践の上、脳神経外科という響きに不安と緊張はありましたが、実家から離れて自分だけの生活を送れる解放感でやる気がみなぎっていました。

1年目は、急性期病棟の看護師として学ばなければいけないことはたくさんあり、2年目からはSCU（脳卒中集中治療室）の立ち上げと配属に伴い、看護師としての多忙な日々に追われました。とはいえ一人暮らしなので仕事が終われば全部が私の時間です。まともに恋愛もでき、初めて家族以外の人と密に過ごす時間を持てたことで、「自分の人生を歩んでいる」気持ちになれました。

しかし、実家に電話をした時や帰省をした時には、親から「戻って来い」と何度も言われ続けました。

いずれは実家に戻らなければいけないという運命を拭うことはできませんでした。

そして、実際に看護師になって、命に関わる重症患者の家族の泣き叫ぶ姿を目の当たりにする度に、姉の姿が思い浮かびました。

姉は、高校卒業後から入退院を繰り返す日々を送っていましたが、症状も進行しており、この頃から親も姉と距離を置きたかったようで、一度入院すると長い期間退院できないようになっていました。

姉の面会に行くと、「家に帰りたい」と言われる度に、心が痛むこともありました。

実家から抜け出せた解放感と姉への思い、父からの束縛の言葉で、気持ちは揺れ動いていました。

そんな気持ちを振り切るように、私は恋人と海外旅行に行くことにしました。

オーストラリアでのワーキングホリデー

一生の宝物

姉のことを抜きにした「初めて自分がやりたいこと」

海外旅行の経験は、英会話を習っていた幼い頃の記憶をよみがえらせてくれました。そして、私の心の奥底にあった「海外生活をしてみたい」という気持ちが、あふれ出るようになってきました。

いろいろ調べるうちにワーキングホリデーという制度を知りました。しかし年齢制限が迫っており、30歳を機に退職して海外に行くことを決意しました。もちろん父からは海外に行くことなどあり得ないと強く反対されました。そもそも、一人暮らしも大反対され、「いつ戻ってくるのか」と言い続けていた父なのですから。とはいえ、私はこれまでずっと、姉のケアを意識した職業選択をしてきました。ワーキングホリデーは、姉のことを抜きにして、初めて私がやりたいことだったのです。このまま行かずに実家に戻ってしまったら、自分が自分でいられなくなってしまう。そんな気持ちが高まり、父の反対を押し切って半ば強引にオーストラリアに行きました。

自由

最初はゴールドコーストの楽園と言われるビーチが続く海がとてもきれいなサーファーズパラダイスに行きました。そこでは、語学学校に4カ月通う間、毎日海で泳ぎ、バーベキューを楽しみ、色んな国の友達ができました。

姉のことは忘れてしまうくらいの自由がありました。同じようにワーキングホリデーや留学に来ているいろんな国の友人らと触れ合う中で、私はなんてちっぽけな世界で生きていたのだろう……と気づかされました。

ゴールドコーストの後は、ブリスベン、ケアンズ、シドニー、メルボルンとオーストラリアの主要都市や、エアーズロックと呼ばれるウルル等を働きつつ転々と回りました。ビザの切れる1年では物足りず、一度帰国して観光ビザで再度オーストラリアに行く生活を送っていました。

本当に夢のような生活で、私にとってこのオーストラリアでの経験は一生の宝物になりました。

実家に戻り、精神科看護師に

教えることへの興味募る

姉と向き合う

やりたいことを目いっぱいできた私は、思い残すことがないという気持ちでいっぱいでした。帰国後は実家に戻り、約半数が精神科という近隣の病院に勤めました。そこでも、姉と同じような人たちと向き合うことを敬遠したい気持ちから、当初はあえて精神科は希望しませんでした。

しかし、入職後から精神科への配属が決まり、「これは運命だ」と決心しました。

そこでは、尊敬できる上司がいる中、じっくりと患者さんやご家族への看護を通してそれぞれの思いに触れ、こんなに同じような境遇の人たちがいて、同じように悩んでいることを知ることができ、自分が逆に癒やされていることに気づきました。

それと同時に、きょうだいとして、昔の頼りになる姉とのギャップを感じつつも、本来の姉を理解しようともせず、姉の存在を隠さなければいけない思いにまで至ってしまっていたことが、逆に恥ずかしいと思うようになりました。患者さんやそのご家族に対しては客観的に捉え、向き合うことができるのに、自分の姉を見る目だけが変わっていたことに気づけました。

それからは、姉の面会に行くと話をよく聴くようになれた気がします。

医療従事者の心の中の閉ざされた壁

精神科での看護を続ける中で、上司から実習指導、教育委員、非常勤講師を任されるようになり、私の中で教えることへの興味が芽生えてきました。

精神科看護の現状と共に、姉への思いがあるのかもしれませんが、患者さんの立場、家族の立場に立って考えられる看護師の育成がとても大事だと考えるようになりました。

また、一般科とは比べ物にならないくらいの設備の古さや、看護師の患者に対するまなざし、同僚と私の看護観の違いに、違和感を覚えるようにもなっていました。

精神科では閉鎖されているのは病棟だけでなく、支援する医療従事者の心の中にも閉ざされた壁のようなものがあるような気持ちにさえなりました。

でもそれは、至って普通のことなのかもしれません。看護師であっても、それぞれの生きてきた過程があり、私の世界になかったことは、過去の自分がそうだったように、たとえ勉強していたとしても患者さんや家族の理解は難しいと思えるようになりました。

回り道の先

そのため、看護師自身が、まずは自分のことを内省できることが必要だと思いました。

その上で、少しでも患者や家族への理解を深め、寄り添える看護師になれるよう、看護師として根幹となるポイントを、学生の間の成長段階で伝えられる存在になりたいと思うようになりました。

そして、改めて私自身が学ぶべく、大学への進学を考えるようになりました。両親は、この先ずっと実家にいるものだと思っていたため、再度猛反対されました。

しかし、私は今まで随分と回り道をして、時間が足りないという思いが強かったため、これ以上、後悔を増やしたくないという考え方に至っていました。

そして、親の束縛に、再び息が詰まる思いを感じ始めていたこともあり、どうせなら関東に行こうと受験をし、大学への進学を決めました。

大学生活

「きょうだい」の研究で自分自身と向き合う

「きょうだい」の呪縛

関東の大学に来てから、再び自分の時間を持てるようになりました。

大学では、新たに精神保健を学び、看護研究ではきょうだいに関する研究を行いました。研究を通して、客観的に自分と向き合うことはとてもつらく、場面を思い返すと勝手に涙が出てくることもありました。

でも同じきょうだいの立場の人たちと語り合うこと、研究者に話を聴いてもらえることで、救われていることが身に染みて分かる機会にもなりました。

一人暮らしを始めた時とはまた違う新鮮な解放感がありました。

そして、他のきょうだいがきょうだい自身の人生を歩んでいることを知り、「将来は姉の面倒を見なければいけないとしか思い描けていなかった未来だけが全てではない」という思いに変わりました。

結婚

自分の家庭を築く勇気を得て

ハードル／相手に姉のことを理解してもらえるのだろうか

その頃の私は、恋愛には前向きになれるようにはなってはいましたが、結婚観については皆無なままでした。

当初は、大学生活の間だけ関東にいるつもりでしたが、ここで出会えた研究者から「きょうだいはきょうだいの人生がある。結婚して家庭を築いても良いのでは」と言ってもらえたことで、改めて自分の幸せを考えることができました。

私は、姉が統合失調症を発病し、誰もがなる可能性のある病気であるということと同時に、遺伝という言葉を看護学校の教科書で見た時から、私もいつか発病をするのではないか、私が大丈夫だったとしても、子どもが統合失調症になるかもしれないと不安になることもありました。

そして、親亡きあとは私が姉の面倒をみるとも考えていたため、結婚はしないと心のどこかで思っていました。仮に結婚したいと思える相手に出会えても、結婚相手に姉のことを受け入れてもらえるのだろうか、相手のご両親にも姉のことを理解してもらえるのだろうかと、告げることへのハードルの高さを感じざるを得ませんでした。

しかし、自分自身と向き合い、他の幸せそうに暮らすきょうだいと出会えたことで勇気をもらえ、研究者の言葉が決め手となって、結婚をして自分の家族を築きたいという気持ちが勝っていきました。

そして求婚

相手に姉のことを打ち明ける前には、仲間が集うきょうだい会に積極的に参加して、諸先輩方から経験談やアドバイスをたくさんもらい、姉の病気について私が過去に理解が追い付かなかったことを思い返しながら、できるだけかみ砕いて相手に分かりやすく伝える努力をしました。そして、何よりも私の素直な相手への気持ちを伝え、相手の気持ちもよく聴くようにしました。

彼女に理解してもらえ、ご両親にも理解してもらうことができた時には、私が今まで抱いていた抵抗感がうそみたいに晴れ、とてもうれしかったことを昨日のように覚えています。

再び動き出した時計の針

私は姉の発病を機に時間が止まり、家族だけで閉じこもる生活を続けてきた結果、発達の時期が遅れてしまったのかもしれません。

改めて振り返ると、ライフサイクルの中で、進学、結婚とつい最近になってようやく大人になれた気がします。

私の家族は、家族だけで姉を抱え込んだ分、時間が掛かってしまいましたが、私にとって現実逃避だけでは駄目で、姉のために献身的に生きるだけでも駄目だという教訓だったのだと思います。相談できる相手や仲間を見つけ、余裕を持って、他の人と自分の異変に気づくことで、自分の価値観が変化し、人を信じる心を取り戻すことができる。そして再び社会とつながりを持てる「家族としてのリカバリー」になったのだろうと身をもって体験した気がします。

これからの私

唯一無二の弟として

私は存在して良いのだ

私が実家を離れた今も、姉は10年以上入院を続けています。

果たしてこれが正解なのかと言われると今でも分かりません。後悔は尽きないし、今後の不安も拭えません。

でも、姉の発病があり、医療の道を進むことで、たくさんの患者さんやご家族、理解ある教員や研究者と出会い、兄弟姉妹の会ともつながり、自分自身の価値観を変える貴重な体験ができました。知識を得るだけではなく、理解ある人たちと語り合い、分かち合うことで初めて私は存在して良いのだと思うことができました。今では、きょうだいとしての経験や看護師としての知識・技術を伝える教員になりたいと思えるようになりました。

尊敬できる研究者の後押しもあり、30代最後にしてようやく結婚もできました。

私の人生も姉のおかげとポジティブに捉え

これからは、もしできることなら子どもを授かり、自分の家庭を築いていきたいと思っています。遅すぎたかもしれませんが、姉もいい加減、叔母にしてあげても良いのかなと弟ながらに思っています。

看護師になったことも姉のおかげとポジティブに捉え、せっかく得られた知識や人脈は生かして、家族以外で姉が信頼できて支えてくれる人を見つけられるサポート役にまわりたいと思います。

そして、私は、あくまでも姉の唯一無二の弟として関わっていけることが、理想の形なのかなと今は思っています。

時間は掛かってしまいましたが、今の私には相談できる場所があり分かってくれる人がいるので、自分の人生も大切にしていきたいと考えています。

自分が充実感を得られることで、これから先の人生も、弟として姉にも優しく関われるような気がしています。後悔や不安は消えないですが、私なりの幸せの価値観をこれからも育んでいきたいと思っています。

きょうだいに伝えたいメッセージ

決して一人じゃない

過去は変えられないが、自分と未来は変えられる

私と同じように、家族だけで抱え込んで孤立し、悩んでいるきょうだいの方たちもたくさんおられるのではないかと思います。

まだ私自身も成長過程ですが、今までの体験から得られたエールのようなメッセージを送らせてもらえたらと思います。

「過去は変えられないし、親と兄弟姉妹を変えるのは難しい」
「自分と未来は変えられる」

これは、諸説ありますが、カナダ出身の精神科医Eric Berneの言葉になぞらえたメッセージです。同じきょうだいでも、状況や思いは人それぞれ違うと思います。

でも、共通して言えることは、きょうだいもたった1度の人生だ、ということです。同じような境遇のきょうだい仲間とつながることで、自分の気持ちに素直になれるはずです。周りの助けを借りながら、そこで改めて「自分の人生」について考えることができれば、自らの意思で未来をつかんで歩んでいける力になると思います。決して一人じゃないということを私の体験談から感じてもらえたらうれしいです。

きょうだいの方たちにとって、少しでも気持ちが楽になり、これから先の人生が、より自分らしく歩めるきっかけになっていただければ幸いです。

読んでくださっているきょうだい以外の方へ

きょうだいの思いに少しでも関心を持っていただけたのなら、とてもうれしいです。こんなきょうだいもいるのかと、温かく見守っていただき、さらに欲を言えば、他の話題と変わらず、当たり前のように話を聴いて心の支えになっていただけたらとても心強いです。

読んでいただいてありがとうございました。

（2021年　記）

それから3年後の今

2024年4月

2年前から母校の看護大学教員として

最初に体験談を執筆してから、はや4年、その間に新型コロナウイルス感染症（Covid-19）の大流行がありました。

コロナ禍で私は、精神疾患のある患者さんが外科的治療を要する身体合併症病棟や、精神疾患のあるCovid-19患者さんをケアする立場にもなっていました。

臨床看護師として働いていたことで、精神疾患のある人の身体的治療を受ける場の少なさを感じ、危機的状況における安心できる医療の必要性を実感しながら、粉骨砕身ケアを行っていました。

「そして、今」は、2年程前から母校の縁もあり、私は、新たな夢となっていた看護大学の教員をしています。

授業では、精神疾患の家族について、体験談も交えながら、学生に伝えることができ、授業を通して理解者（味方）を増やしているような気持ちでいます。

学生たちは看護学生に至るまでの間、それぞれ背景の違う育ち方をしているため、家族の立場の気持ちを想像してもらうことは、とても難しいです。

それでも、実体験を伝えることで学生は、2年、3年生の授業を経て4年生の卒業研究では、精神疾患のある人のヤングケアラーや、きょうだい研究に興味・関心を抱き、取り組む学生も見られています。

これは確実に、教えるやりがいを感じさせてくれる成果となっています。教員として苦労することもありますが、看護師である自分、きょうだいである自分をいかし、「逆境を乗り越えた一人の人」として学生に思いを伝え、今度は学生が学んで感じた家族への思いを教えてもらっています。

今では、後ろめたい気持ちでいっぱいだった社会の中でも、学生の成長が自分の喜びとなり、自分自身の成長にリンクしているように感じています。

姉の「家に帰りたい」という希望を捨てることなく

一方で私の家族は、コロナ禍に閉鎖病棟で入院中だった姉は外出することすらできず、親も姉への面会ができずにいました。

今までの親は、姉に対して電話ではあまりうまく対応できずに、お互いが機嫌を損ね、私に愚痴をもらすことも多々ありました。

しかし、なかなか会えないことで適度な距離感が生まれ、親は姉からの電話対応もうまくなってお互いが良い距離感で関われているようです。

姉の疾患は相変わらず重度ではありますが、コロナが明けて面会に行くと、うれしそうな顔で私の名前を呼んでくれる姿もあります。

これまで私は、親の期待や姉への想いから、「何かしてあげなければいけない」と考えがちでしたが、きょうだいとして弟として話ができ、時には遠慮せずに「弟だから言うけど」と素直な気持ちを伝えることが、たとえ、けんかになっても、本来あるべききょうだい関係なのではないかと感じています。姉は「家に帰りたい」と言っていますが、現実的には厳しい状況があります。でも今の姉には、信頼している看護師もいるようです。「家に帰りたい」という希望を捨てることなく、少しずつ可能な範囲で、できるだけ居心地の良い環境で療養ができるように、姉の支援者にはどんどん頼ろうと思います。

世間できょうだいの存在は、親代わりのケア要員として見られがちですが、現在では訪問看護において、きょうだい支援にも目を向けてくれる看護師も増えていると耳にします。また、私と同じように、きょうだいの立場でもある保健医療福祉従事者やその関係者が、きょうだい支援に身を乗り出して積極的に活動する姿も増え、とても心強く感じています。

きょうだい支援の活動をする人たちとの関わりは、やる気を刺激してくれると同時に、「あなたはその分、休みながらマイペースで良い」と言ってもらえているような心のゆとりを与えてもらっています。

きょうだい版テキストの作成から学習会の開催までを実践

大学教員は研究も仕事の一つですが、現在は恩師とともに、全国精神保健福祉会連合会（みんなねっと）で、精神疾患のある人のきょうだいのための家族学習会の担当者、共同研究者として、きょうだい版テキストの作成から学習会の開催までを実践しています。

学習会に参加するきょうだいから話を聴くと、きょうだいである自分よりも、当事者である病気の兄弟姉妹を中心に考えてしまうことも多いです。

恩師に教えてもらった「きょうだいはきょうだいの人生がある」という言葉のように、自らの人生の選択肢を失わずに、きょうだい自身の人生も大切にできるよう、「自分探しができる学習会」を開催できればと思っています。

また、担当者をする中で、参加者が自らの気持ちを表現して、どんどん変化していく姿は、なぜか自分ごとのようにとてもうれしく感じます。

担当者をすることは、参加者のためだけではなく、私にもさまざまな役割や、安心できる居場所ができることにもなっているからでしょうか。

「姉や親と共にいる家族」との思い出を増やしていきたい

私は、家族の時間が止まり、自分を後回しにしてきたので、今もなお心理・社会的な成長期だと思っています。きょうだいとの関わりを続けることで救われながら、自分の人生について後悔のないよう、これからも私なりに歩んでいけたらと思います。

この本の執筆を通して、目を背けたかったトラウマ（心的外傷）も含めて、自分のことをとてもよく振り返りました。

つらいことでもありますが、必要なことだったとも感じています。

これからは、姉は姉の人生を、親は親の人生を、きょうだいである私は自分の人生を歩みながらも、家族を大切に思う気持ちを忘れずにいられたらと感じます。

また、この本をきっかけに、「姉や親と共にいる家族」との思い出が少ないことにも気づかされました。

姉の発病後、写真を撮ることもしてこなかったので、これから先は記念写真もどんどん撮って、家族の思い出を増やしていきたいと思います。

第2章

考察

精神障がい者のきょうだいの体験から
きょうだい支援を考える

きょうだいがきょうだいでいられるための家族支援を

横山　恵子

はじめに

本稿では、４名の体験記をもとに、「きょうだい支援」について整理していきます。

２０２０（令和２）年の精神障がい者数は「患者調査」によれば、精神疾患の患者数が近年大幅に増加し、６１４万８千人と推計され、３年前の１・５倍となっています。そのうち、入院患者は29万４千人で、95％以上の方は地域で外来治療を受けながら生活しています。国民の４人に１人（25％）は、生涯で何らかの精神疾患を経験すると言われており(1)、精神疾患は大変身近な病気です。

(1) 厚生労働科学研究「こころの健康についての疫学調査に関する研究」(研究代表者 川上憲人)(平成18年度)

日本においては、家族と同居する精神障がい者が多いのが特徴です。精神の障がいがある方の家族が結成した全国精神保健福祉会連合会（みんなねっと）が行った2017年の家族会調査(2)では、75・6％の家族が病気の当事者と同居し、家族が服薬管理などの日常のケアを行っていました。本人と同居の家族構成では、「親」が圧倒的に多く65・7％、次は「きょうだい」18・9％でした。一人暮らしは8・6％でした。

「K6日本語版(3)」を用いた、家族の精神的な健康状態に関する調査では、当事者の親子、配偶者、きょうだいなど、どの立場の家族においても、その6割が精神的健康状態の悪い傾向が見られました。

家族が自分の生活や人生を犠牲にしながらケアを行い、身体的・精神的・経済的な負担から、家族が疲弊している実態があります。

(2) 全国精神保健福祉会連合会：平成29年度日本財団助成事業　精神障がい者の自立した地域生活と家族が安心して生活できるための効果的な家族支援等の在り方に関する全国調査．2018年．

(3) K6　米国のKesslerらによって開発され、一般住民を対象とした調査で使われることの多い、精神的な健康度を表す指標

　しかし、精神障がい者ケアが病院から地域へと確実に移行しており[4]、家族は、これまで以上に重要な役割を持っていると考えます。

1．きょうだいの精神的不調を真っ先に感じるきょうだい

研究（Kesslerら、２００５）[5]によれば、精神疾患の発症は想像以上に早く、その半数は10代半ば（14歳）までに発症しており、４分の３が20代半ばまでに発症すると言われます。精神疾患の発症は、児童、生徒、学生の年齢でその多くが発症しているのです。

　きょうだいは年が近いことも多く、発症したきょうだいから長期にわたって影響を受けることになります。

（4）厚生労働省では、平成16年9月の「精神保健福祉施策の改革ビジョン」以来、「入院医療中心から地域生活中心へ」の基本理念の下、施策を進めてきた。精神障害者地域移行・地域定着支援事業は、平成18年の創設以降、精神科病院からの退院促進のための事業として役割を担ってきた。

（５）Kessler ほか (2005) Lifetime prevalence and age-of-onset distribution of DSM-4 disorders in the National Comorbidity Survey Replication. Archives of General Psychiatry 62: 593-602.

きょうだいの関係は自我の発達にも関係し、幼少期から青年期までの関わりの関係は、その後のきょうだい関係や社会性にまで影響を及ぼすと考えられています。きょうだいは一緒に育ちながら、当事者であるきょうだいの変調や発症を最も間近で感じます。

第1話の仲田海人さんは、責任感が強く、よく面倒を見てくれる、3歳年上の自慢の姉でしたが、仲田さんが小学生の時に、中学生になった姉が『別人のように変わった』と言います。

仲田さんは自分の身を守れるように部屋に閉じこもっても、聞こえてくる父と姉のけんかの声を聞いては、強い無力感を覚え、変わってしまった姉に、「元のお姉ちゃんに戻ってよ」と泣きながら懇願したそうです。

「退行」してしまった姉を受け入れられず、『自慢のお姉ちゃん』から、妹のように立場が逆転してしまったことは、とても受け入れられませんでした。

第4話の木村さんも4歳上の姉が統合失調症を発病しています。

引っ込み思案だった木村さん。幼いころから頼りになった姉が高校生になって、突然、ようすが変わります。木村さんが中学生の時でした。

姉は、その後は部屋に閉じこもり、「訳の分からないこと」を叫び、木村さんに殴りかかるようにもなり、「豹変《ひょうへん》した姉」の睨《にら》む目に恐怖を感じました。

第3話の南の島のきょうだいさんは、真面目で優しい姉が大学受験を控えた頃から変わっていきました。体調不良が出現し、イライラして大きな声をあげる姉に対し、中学生だった自分は、からかうような言葉をかけ、けんかばかりしていたと言います。

姉は大学生になって「統合失調症」と診断されます。南の島のきょうだいさんが大学生になって、両親から病気を知らされても、信じられない気持ちで理解できませんでした。そのような自分の関わりを後になってずっと後悔し、姉が不調を訴え始めた時に、なぜ親身になって心配できなかったんだろう、どうしてあんな言葉をかけてしまったのかと、自分を責め続けます。

発病によって変化したきょうだいの姿は衝撃であり、仲良く一緒に育った「頼りがいのあるきょうだい」を失うという、喪失体験でもあります。特に、繰り返される暴言・暴力の姿は、健やかであったきょうだいの思い出に対して、そのギャップと喪失感は埋めようがないものです。

統合失調症などの精神疾患は思春期から青年期での発症が多く、一つの家庭でともに成長するきょうだいは、当事者の病気の始まりに最も気づきやすい存在です。

しかし、南の島のきょうだいさんは、当事者ときょうだいは年が近く、発症が思春期であれば、きょうだいも同じように思春期で、自分の悩みだけでもいっぱいで、きょうだいの状態を俯瞰《ふかん》することや、冷静に対応することはできないと言います。

第2話のやじろべえさんも、妹の10代での不調を振り返り、若い年齢での発症は、客観的に見ることや、状況の言語化も難しいと言います。だからこそ、きょうだいの不調のサインに気づき、向き合って話を聞いてくれる第三者の存在や、家庭内においても、本人や家族が、自分の素直な気持ちを正直に話し、受け止める関わりが必要だと言います。

精神疾患は早期に精神的不調や症状に気づき、正しい対処や治療がなされれば、回復も早く軽症で済む可能性があることが分かってきました。

2022年度から学習指導要領が改定され、高校の保健体育の授業で「精神疾患」に関する記述が40年ぶりに復活しました。発症の年齢を考えれば、本来ならば小中学生の学童期での学習の機会が必要です。とはいえ、10代での発症が多い中、早い時期にメンタル不全に関する予防や対処法を正しく学ぶことは、偏見の解消と共に、本人がSOSを早く出せるようになり、周囲の早期発見につながるのではないかと考えます。

2. 同世代を生きるきょうだいへの影響

親とは異なり、当事者と同世代を生きるきょうだいは、職業選択や結婚など、自身の人生に大きな影響を受けます。

親は子どもを病気にしてしまったという自責感から、当事者との距離が密着しがちですが、きょうだいは、自分自身の生活を維持することが大切で、適度な距離感で当事者を支えようとします。

同じきょうだいでも、年代、病気のきょうだいの上(兄・姉)か下(弟・妹)かによっても、当事者から受ける影響や抱える困難は異なります。

この本の、仲田さん、南の島のきょうだいさん、木村さんは、下のきょうだいの立場で、当事者は、お姉さんです。やじろべえさんは、上のきょうだいの立場で、当事者は、妹さんです。

（1）親からの役割を自然に受け継いでいく年上のきょうだい

やじろべえさんの妹さんの発病は遅く、成人してから統合失調症を発病しています。中学時代にいじめなどを経験して傷つき、10代から心を閉ざしていた妹は、姉であるやじろべえさんにとって、ずっと心配な存在でした。父親の勤務先の倒産や母親の病気、自身の進路の挫折と、家族が大きく翻弄《ほんろう》される中で、妹が発病します。母親から、自身が亡くなる前に、妹を「見てあげてほしい」と不憫《ふびん》そうに託されたことで、「母の本音なんだな」と受け入れています。

やじろべえさんは、母が病弱だったこともあり、妹が病気になる以前から、家族内の長女としての役割が自然とありました。社会との人間関係が希薄な中で、家族は港のような存在であり、自身も家族や親戚の温かさに救われたそうです。家族の生活を立て直さないと、病気のきょうだいのことはできないと、明確に答えを出して、家族が一緒に暮らすという選択をしています。

これもまた、きょうだいとしての自立の形であると思います。

年上の立場のきょうだいは、いつも年下の当事者を心配しています。親は子どもを病気にしてしまったという自責感から、当事者との距離が密着しやすいですが、年上のきょうだいもまた、その思いに近く、親の役割を自然に受け継いでいきやすい立場です。

やじろべえさんは、家族の閉鎖的な空間では、定着した関係性を変化させることは難しくなり、習慣化され、そこで生じている問題を分かりにくくすると言います。上のきょうだいは、家族の中での関係性を問い直し、自分の人生を考える場や機会が必要だと考えます。

(2) 家庭の中の暴力という問題の影響を受けやすいきょうだい

きょうだいが病気を発症すると、同じ家の中で過ごすきょうだいは、病状から来る暴言や暴力にさらされます。年上の立場のきょうだいは、進学や就職で早期に家から離れるのに対して、年下のきょうだいはその時期が遅く、長期にわたって当事者の病状と向き合うことになります。

そのため、家庭の中の暴力は、上のきょうだいよりも、下のきょうだいの方が、いっそう影響を受けやすいと言われています。

木村さんの姉は、閉じこもる日々が続く中、次第に訳が分からないことを叫び、木村さんにも殴りかかるようになりました。急に外へと走りだして近隣の人に怒鳴るため、警察に対応してもらうこともありました。姉は飼い始めた犬にも暴力を振るうようになり、姉に何が起こっているのか理解もできないまま、姉と共に過ごす苦痛だけが増えていったと言います。

やじろべえさんの妹は、家庭内でも荒れ始め、怒りっぽくなって、物に当たり、妹の部屋の壁には穴が空き、ドアは壊れ、父ともみ合いになることもありました。次第に妹の病状が悪化し、会話が持てない状態で、家族への暴言、暴力が現れ、別人のような状態になりました。

やじろべえさんは、父親と主治医、市役所の保健師、地域生活支援センターの相談員を訪ね歩きました。主治医は「訪問できますよ」と言ってくれましたが、妹が人を傷つけるのではと思い怖くて依頼できないまま、ある日、暴力により身の危険を感じて警察に助けを求めました。警察で一晩すごした後に、民間の救急搬送で病院に入院しています。

家族会の協力で行った家庭内の暴力に関する調査（6）によれば、統合失調症患者の6割で家族への身体的暴力があり、過去1年間に25％の親が身体的な暴力を受けていました。

しかし、暴力は、家族以外の他人にはほとんど向かわず、約半数が父母に、3割が妹、1／4が配偶者でした。

当事者の暴力は、自身の現状を打開したいというSOSですが、弱い立場にある年下のきょうだいにとっては、暴力を受けた体験は心の傷（PTSD）となり、きょうだいの発達を阻害してしまいます。

また、幼いきょうだいには病気を説明しないことも多く、何が起きているのか理解できないまま対応することになります。

きょうだいにも理解できるような説明が必要であり、未成年のきょうだいが、成長期にこころの傷を負わないような、細やかな対応が求められます。

（6）蔭山正子：精神障がい者から家族に向かう暴力．精神科臨床サービス，17(1)，100-103，2017.

（3）家の中での居場所のなさや将来への閉塞感

親の精神疾患に対する偏見（スティグマ）も、きょうだいに影響します。親がわが子の病気のことを周囲に知られないようにするため、社会からの家族の孤立を生みます。親の姿勢は、きょうだいにも精神疾患への偏見を植え付け、その後のきょうだいの人生や社会とのつながりに大きく影響していきます。

木村さんの場合は、両親が現実を受け入れられず、家族だけで閉じこもったため、社会全体から取り残されているような孤立感で、誰に相談して良いのか見当もつきませんでした。世間体を気にした父親から、「お前が面倒を見ろよ。周りには誰にも言うなよ」と洗脳するかのように言い続けられ、将来は自分が面倒を見るのだと、幼い時から刷り込まれます。偏見が自分にも根付いてしまい、姉のことを恥ずかしいと思うようになり、誰にも言えなかったと言います。以前の和やかな家庭、家族間のコミュニケーションはなくなってしまいました。

中学生になると、木村さんはこの状況に耐えきれなくなり、学校に行かなくなったり、家出やゲームなどをしたり現実逃避していきました。

仲田さんの場合は、姉の病状だけでなく、父親との関係もあって、より複雑です。家の中に居場所がなくなり、「家の中よりも道具を入れるための物置の方が、安心・安全が保証される環境だった」と、高校生の時から外の物置で生活するようになりました。仲田さんは、高校で担任やスクールカウンセラーに相談しましたが、思うような対応はしてもらえず、「大人は同情してくれても、結局は人ごとなんだ」と、絶望します。自分の将来のことで、姉の主治医に相談した時には、「君にも薬を出そうか」の一言で、再び、「この人もそんな大人か」と心に壁を作りました。

そんな経験から、「わが家の問題は、私が何か打開策を見いださない限り、両親も、専門家も何もしてくれない」と思うようになりました。

子どもの気持ちを理解できない大人の対応は、子どもの心をより傷つけ、大人を信頼する気持ちを育てることを阻害します。

南の島のきょうだいさんは、マンションに住んでいたため、足音を立てて歩いたり、大きな声を出す姉に、家族は周囲からの視線を気にしていました。

母親も自分も、近所の人や友人からの「お姉ちゃんはどうしてる？」という質問に、話題をそらそうと必死でした。南の島のきょうだいさんは大学で看護学を学ぶ中で、精神科看護領域の勉強にも興味を持ちましたが、勉強するほどに、社会の精神疾患患者に向けられる視線の冷たさや、偏見の根深さに気づき、一層かたくなに、人には話さないようにしようと思いました。これは、自分の中の偏見であったと捉えています。

その後、両親と家族会に入り、家族以外の人に初めて話を聞いてもらうことで、少しずつ心を開き、信頼できる友人たちにも姉のことを打ち明けた時、友人はとてもすんなりと受け入れてくれ、「話してくれてありがとう」と言ってくれたそうです。

それは、自分自身が抱えていた偏見に気づく、とても大きな出来事で、「精神疾患のある姉が恥ずかしいと、一番思っていたのは私なのだ」と思わせてくれたそうです。

スティグマ（stigma）は、ギリシャ語で、肉体上の徴《しるし》を意味します。「穢《けが》れたもの・避けられるべきものである」ということを、他者に知らせることを目的として、奴隷・犯罪者等の身体上に押された烙印のことを指します。

現在の用法は、社会学者ゴッフマン(7)が提示したもので、スティグマを負った人々は差別という形でさまざまな社会的不利を被ると論じました。

スティグマ（社会的偏見・パブリックスティグマ）は、その人の社会的受容に深刻な否定的影響を与えます。スティグマは精神障がいを持つ人々が地域で生活していく上での大きな阻害要因で、その克服は重要な課題です。スティグマはまた、当事者および当事者家族にセルフスティグマ（内なる偏見）を生じさせます。

このセルフスティグマは、専門機関への相談や発症後の精神科受診を遅らせ、回復への重大な阻害要因となります。本人や家族に強い苦痛を与え、回復への前向きな気持ちを損ねてしまうスティグマの軽減に向けた対応はとても重要だと考えます。

(4) きょうだいのヤングケアラーとしての役割

仲田さんは小学校高学年、木村さんは中学生から、親に代わって自宅で病気になった姉のケアをしていました。これは、ヤングケアラーと言われる役割です。ヤングケアラーとは、「家族にケアを要する人がいる場合に、大人が担うようなケア責任を引き受け、家事や家族の世話、介護、感情面のサポートなどを行っている、

(7) ゴッフマン（石黒訳）：スティグマの社会学．せりか書房，1987．

18歳未満の子ども（ヤングケアラー協会）」と言われています。(8)

２０２０年の中学校・高校における学校におけるヤングケアラーに関する調査では、中学2年生の5・7％（17人に1人）、高校2年生の4・1％（24人に1人）が「世話をしている家族がいる」と回答しました。世話をしている家族については、「きょうだい」が最も高くなっています。また、「きょうだい」の状況については、「幼い」が最も多いものの、精神疾患・依存症も一定数あり、例えば、中学2年生では4・6％、全日制高校では1・5％、通信制高校では19％でした。調査の対象者は中・高校生ですから、当事者もまだ若年で、未受診・未診断である場合も多く、この割合はさらに大きいのではないかと推測します。

仲田さんは、小学校高学年という早い時期からお姉さんのケアが始まりますが、父親の感情の乱れに振り回され、幼い時から、父親を怒らせないように、感情の波に合わせることを強いられて育ちました。お姉さんは精神科に外来治療をしていても、正確な診断も出ないまま、時には入院をするという状況の中で、「あの子が私の悪口を言っている」という幻聴を聞きながら、姉への情緒的なサポートをし、「退行」してしまった姉を受け入れられず、つらい状況を過ごしました。

（8）　日本ケアラー連盟　https://carersjapan.com/（２０２４年5月1日閲覧）

木村さんの姉が発症した時、両親は共働きで仕事にも追われていたため、当時、中学生だった木村さんに姉の薬の管理等が任されました。姉に何が起こっているのか理解もできないまま、姉と過ごす苦痛だけが増え、姉への恐怖よりも、怒りが芽生えるようになったと言います。さらに、同居する祖母の認知症も始まってダブルケアとなり、姉と祖母の被害妄想でバトルになりますが、それは想像を超える大変な状況だったと思います。結局、姉は入退院を繰り返すようになり、姉が家にいる時には、両親の木村さんへの要求はさらに強くなっていきました。

(5) 将来が見いだせない中での職業選択、保健医療福祉職の道へ

統合失調症などの精神疾患は思春期から青年期での発症が多く、きょうだいもまた、同じ時期にあたります。思春期の発達課題は、アイデンティティの確立であり、自分の在り方を模索し、将来の目標を見いだしていく大切な時期です。

南の島のきょうだいさんは、以前から看護職を希望し進路を描いていましたが、仲田さんも木村さんも、姉が病気になったことで、自分の進路に葛藤していました。

木村さんは、中学生から姉の面倒を見て、自分自身を後回しにしてきたことで、やりたいことを考えることができませんでした。祖母が老人保健施設に入所したことで、介護福祉士の存在を知り、祖母の役に立ちたいと、福祉の専門学校に入学、さらに、医学の勉強も必要であると、卒業後は看護師を目指すことになりました。

ここで、初めてやりがいを感じ、前向きに勉強に取り組んでいきます。看護師としての就職後は実家を離れ、自分のやりたいことにも挑戦し、ワーキングホリデーでの海外生活をしています。帰国後は、地元の病院で、精神科での看護を続ける中で、教えることへの興味が芽生えてきました。さらに大学に編入学し、大学院に進み、大学の看護教員になりました。

このように、時間はかかりましたが、親や姉と距離を置くことで、徐々に自分のやりたいことが見えてきたのではないかと思います。

仲田さんは、「医学の仕事に就き、家のことを私がなんとかしなければ」と思い、工学部への進学を諦めました。そうして、自分で調べて、「リハビリテーション」の考え方に、姉の社会復帰への可能性を強く感じ、「作業療法士」という仕事を目指すようになりました。

やじろべえさんは、妹の入院生活をきっかけに作業療法を知り、その後、精神科病院で作業療法助手をしながら、夜間学校に通い作業療法士を目指しました。

自分を保っていられたのは、仕事やものを作ったり、表現したりする些細《ささい》なことであり、母親も病気と闘いながら亡くなるまで絵を描き続けていたこと、それらはすべて、〝作業療法〟につながりました。

妹の病気を理解することは、妹だけでなくほかのだれかにとっても意味があり、自分自身の今後の仕事と生活のためにも、自分の体験すべてを踏み台にして前に進めるかもしれないと思ったと言います。

南の島のきょうだいさんは最初から看護職を目指していますが、他の3人は、きょうだいの病気を経験して、精神保健医療福祉の支援者となっています。精神保健福祉士や看護師、作業療法士など、資格を取得し、精神保健医療福祉の専門家となったきょうだいは多いように思います。病気のきょうだいを持つことは、精神医療や福祉の世界が身近になり、職業選択にも影響を与えていると考えます。

（6）「あなたはあなたの人生を生きなさい」という言葉

仲田さんは、進学に際して両親から、「あなたはあなたの人生を生きなさい」と言われました。

しかしその言葉は、「私たち（父と母）は姉と一緒に生きていくから、あなたは違った人生を生きなさい」と言っているようで、家族の中で、なぜ私だけが切り離されなければならないのかと、強烈な不安を感じました。

しかし、一方で、将来、親が高齢化すれば、「将来はよろしく」という欺瞞《ぎまん》の言葉でもあるのではないかと思っています。

木村さんは、看護学校で初めて姉のことを教員に相談できました。

教員の「家族の距離感が大事」という言葉は、目から鱗《うろこ》で、今まで家族との距離感を考えたこともなかったので、その言葉から就職をきっかけに実家から離れることができました。さらに、進学した大学の教員に話を聴いてもらえることで救われ、将来は姉の面倒をみることとしか思い描けなかった未来は、それが全てではないという思いに変わりました。ここで出会えた教員から、「きょうだいはきょうだいの人生がある。

結婚して家庭を築いても良いのでは」と言われたことで、改めて自分の幸せを考えることができました。

南の島のきょうだいさんは、母親に「姉のことは親に任せて、あなたはあなたの人生を」と言われ、自分の人生に姉が負担にならないように思って言ってくれたことでも、自分ひとり家族から切り離されるような感覚になりました。

その一方で、参加した家族会で、「あなたはきょうだいではあるけれど、自分の人生を考えて、自分が幸せになる道を選んでいい」と言われた言葉は、母から掛けられた時とは全く違った印象で心に響き、「自分自身のことも、しっかり考えて向き合おう」と思わせてくれたと言います。

このように、身内から言われるのと、第三者から言われるのでは、同じ言葉であっても、きょうだいにとっては大きな違いがあります。それは、家族の支援には、第三者の客観的な関わりが重要だということを示しているのだと思います。

（7）きょうだいにとってのパートナー、結婚

成人すると、職業人、社会人として責任を持つと共に、他者との人間関係を深め、パートナーを得て、結婚や育児など、家庭人としての自分の人生の生活基盤を築いていきます。

しかし、きょうだいにとっては、結婚には大きなハードルがあります。

木村さんは、姉の統合失調症を看護学校で学び、誰しもがなる可能性のある病気と理解しつつも、遺伝という言葉を教科書で見た時から、自分もいつか発症するのではないか、自分が大丈夫だったとしても、子どもが統合失調症になるかもしれないと不安が生まれました。

親亡きあとは自分が姉の面倒をみると考えていたため、結婚はしないだろうと思っていました。仮に結婚したいと思える相手に出会えても、姉のことを相手に告げることへのハードルの高さを感じていました。

しかし、他の幸せそうに暮らすきょうだいと出会えたことで勇気をもらい、結婚をして自分の家族を築きたいという気持ちが強くなりました。

このように、病気のきょうだいがいることを相手に伝えることに悩み、結婚に踏み出せないきょうだいは多いです。また、統合失調症が遺伝病であるという考え方は否定されているにもかかわらず、[9]いつか自分自身も発症するのではないかという不安、子どもができると、さらに、病気が子どもに遺伝するのではないかという不安を抱きながら子育てしているきょうだいもいます。

(8) 家族を愛し、家族を再構成しようとするきょうだい

高齢となった親が最も心配するのは、「親亡きあと」です。配偶者や子どものいない当事者では、親の高齢化に伴い、親が担ってきたケアが、きょうだいに移行することになります。当事者と離れて暮らしているきょうだいにとっても、「親亡きあと」は大きなテーマです。

---

(9) 多くの精神疾患と同じで、統合失調症の発症の成因やメカニズムは不明で、多様な仮説があります。例えば、統合失調症の成因に複数の遺伝子が関わっているという見方(統合失調症が遺伝疾患という意味ではなく、複数の遺伝子が関与している可能性)、脳内の神経伝達物質のバランスの乱れ(ドパミン仮説)、強いストレスや元々の素因(ストレス脆弱性仮説)などがあります。(系統看護学講座 専門分野Ⅱ精神看護学①精神看護の基礎 医学書院より)

しかし、きょうだいは、当事者と「ほどよい距離」を保ちながら、冷静に対応していくことができる存在でもあります。

仲田さんは、地元に就職し、大学卒業と同時に、姉の保護者としての決定権を父から譲ってもらいました。両親が難しいなら、自分が姉の自立を実現すると考えたのです。「入退院を繰り返し長期入院していた姉を、グループホームに退院させる」という目標を立て、4年かかりましたが、現在、姉は退院してグループホームで生活しています。地域での生活で、姉は家族以外の関係性が広がって、「一般的なきょうだい関係に戻った」と話します。仲田さんは、当事者が若くて適応力もあり、まだ意欲のある間に家族で話し合うべきだと強調します。

仲田さんは、親は一生面倒を見る覚悟ができても、きょうだいはそうではなく、焦りを伴う先送りできない感覚であるが、それを正面から親に言えるきょうだいは少数だろうと言います。こうした際には、中立的で双方の事情をくみ取ってくれる第三者が入って話をすることが必要で、経験のある専門家の活躍の場なのではないかと言います。

南の島のきょうだいさんは、看護師5年目を迎えて、退職を決め、姉のことに向き合いたいと考えました。「姉を抜きにして、自分の人生を生きることは考えられない」と、「どうすればいいのか一緒に考え、協力し合おう」と両親に提案し、『家族会議』を始めています。目標は、「姉が幸せに生きられるようになること」でした。

両親と家族会に入り、家族以外の人に初めて話を聞いてもらうことで、南の島のきょうだいさんは少しずつ心を開き、信頼できる友人たちにも姉のことを打ち明けることができるようになっていきました。

それから、いろいろありながらも、家族が協力し、訪問看護を利用し、就労移行支援事業所にも通い、現在、お姉さんは就労されています。南の島のきょうだいさんも実家を離れて新しい場所で看護師として働き、結婚し、子育てをしています。

南の島のきょうだいさんは、家族以外にも頼れる人間関係を構築することや、ネットワークを作っておくことが、家族にとっても大事なことだと話します。病気に対する偏見がなければ、もっと早くに周りの人に相談し、姉の病気の悪化を防げたかもしれないとも話します。早期から、信頼のおける第三者とつながることが必要だということです。

きょうだいは、時間の経過とともに、親も高齢化して、当事者と親という「二重の介護（ダブルケア）」が生じます。きょうだい自身が家庭をもち、子育て中であれば、「三重の介護（トリプルケア）」を担うことにもなり、その負担は想像以上に大きいと言えます。早い時期から、家族以外のサポートを考えることが、当事者にとってもきょうだいにとっても必須なのです。

きょうだいが親と異なるのは、当事者の一人暮らしに向けた将来設計を考えようとすることとです。

そうしたきょうだいの関心は、地域の精神障がい者の社会サービスの情報です。家族以外の公的な支援を受け、自立した生活ができるよう、グループホーム、訪問看護やホームヘルプ、成年後見制度など、活用できる社会資源の情報を得ることで、一歩を踏み出すことができ、信頼できる支援者とつながれると考えています。

3. 精神障がい者のきょうだいのグループ

家族支援は、保健医療福祉職による支援だけではありません。精神障害者家族会などの家族によるピアサポートは、家族支援に重要な役割を果たしています。

ところが、医療機関や行政機関が開催する家族教室は、平日に開催されるなど、親を対象に企画されているため、きょうだいはほとんど参加できないのが現状です。

家族会もまた平日の昼間に開催されることが多く、働くきょうだいが家族会に参加することが難しいという話も聞きます。

家族会に参加していた親が高齢化して、介護役割を引き継いだきょうだいが、親に代わって家族会に参加することも多く、きょうだいは、家族会で親にはない若い力として期待され、活躍している現状もあります。


しかし、親を中心とした家族会では、きょうだいは「病気でない子が支援するのは当然」「あなたが頼りだから」と激励されてしまい、きょうだい自身の困難への共感を得ることが難しいと言います。

きょうだいは、同じきょうだい同士のつながりを求めています。

1975（昭和50）年に精神疾患をかかえる人のきょうだいのためのセルフグループとして「兄弟姉妹の会」が発足しています。きょうだいには病気のきょうだいとの関係に悩みながら、互いが楽に生きるための「ほどよい距離」を見いだしていこうとしています。

全国の兄弟姉妹会は、「東京兄弟姉妹の会」のホームページを見ると、東京を含めて全国18地域にあります。

兄弟姉妹の会には、全国組織はなく、それぞれの会が独自に活動していますが、徐々に高齢化している現状にあります。

仲田さんは、「近くにきょうだい会があれば」と、地元で兄弟姉妹の会を立ち上げました。

4．きょうだいのピアサポート「家族による家族学習会」

家族会のピアサポートとして、「家族による家族学習会（以下、家族学習会）」[10]があります。2007年度に地域精神保健福祉機構（コンボ）が開発・普及事業を開始し、2016年度からは、全国精神保健福祉会連合会（みんなねっと）が引き継ぎ、全国への普及を目指しています。家族学習会の目的は、家族自身が元気になること（エンパワメント）です。

家族学習会は、精神障がい者家族を「参加者」に迎え、同じ立場の家族が「担当者」としてチームで実施する、小グループの体系的な学習プログラムです。

（10） 横山恵子：ちょっと知りたい！キーワード 家族による家族学習会．心の元気＋，12(1)，61，2018．

家族心理教育テキストを輪読し、その内容に沿った体験を語り合います。病気や対応の仕方などの正しい情報と共に、家族の経験的知識を共有します。

1回3時間、1コース5回で、担当者3～5人がチームワークで進行し、全員で10人程度のクローズド形式で行います。地域家族会が取り組み、２０２３年度までの17年間に、全国で延べ7千5百人以上が体験しています。

暗い表情だった参加者の表情が柔らかくなり、前向きな発言が聞かれるなど、担当者は、参加者の変化を目の当たりにし、自分の経験が他の家族を救う価値ある経験であることを知り、家族としての社会的役割を見いだす(11)のです。

自助グループでは、他の家族を援助することで、実は援助している家族自身が援助されています。リースマンはこれを『ヘルパー・セラピーの原理』(12)と呼び、援助を受けていた者が援助する者へと役割を逆転することで、無力な状態からエンパワメントされ、自己を変える力を得るとしています。

(11) 岡田久実子：家族だからできる家族支援プログラム―家族による家族学習会―．精神科臨床サービス，17（1），90-94,2017.
(12) ガートナー，A.・リースマン,F著，久保紘章監訳：セルフ・ヘルプ・グループの理論と実際．川島書店，117，1985.

家族学習会はこれまで親を中心として開催してきましたが、オリジナルテキストを使用した、こどもや配偶者の立場の家族に特化した家族学習会も開催されています。

きょうだいに関しても、きょうだいのオリジナルテキストを作成し、２０２４年1月から、このテキストを使用した、「きょうだい版家族学習会」を開催しています。この家族学習会を担当者として経験した木村さんは、参加者が自らの気持ちを表現し、変化していく姿を自分のことのようにうれしく感じています。

そして、きょうだい同士の語りの場は、自分の安心できる居場所でもあり、これからもきょうだいと関わり、自分の人生について後悔のないよう歩んでいきたいと話しています。

今後は、この家族学習会に参加したきょうだいが、次の家族学習会の担当者になることを繰り返しながら、経験者をコアメンバーにして、きょうだいがつながり、新たなきょうだいグループを誕生できればと考えています。

5．まとめ：きょうだいがきょうだいでいられるための家族支援

きょうだいは、病気のきょうだいをとても大切に思っています。きょうだいが病気になって、精神疾患へのスティグマから、家族だけで何とか対処しようとするものの、家族は孤立して壊れそうになります。そうした家族を、社会とつなげて、周囲の支えを受けながら、新たな家族として再構成しようとする力を持っています。当事者を家族だけで抱えることは、当事者の回復や自立を阻むことにつながることも分かりました。

また、きょうだいは病気のきょうだいを大切に思い、もう一度、かつてのようなきょうだいの関係を取り戻したいと願っています。

木村さんは、当事者が家族以外で信頼できる人を見つけられるサポート役にまわり、あくまでも姉の唯一無二の弟として関わることが理想だと言います。

仲田さんは、「きょうだいは親代わりでなく、支援者でもなく、ひとりの人間であること」、それが「きょうだいが、きょうだいらしくいられること」だと言います。

やじろべえさんは、以前は、家族のさまざまな役割を全て引き受けなければいけないと一人で頑張っていた時期がありましたが、きょうだいは、その時に自分が

できることを支援すればいいと言います。他の役割は、家族以外の第三者に任せることで、当事者を支える世界が広がり、無理をしない関係ができるのではないかと考えます。

南の島のきょうだいさんは、両親に提案し、「家族会議」を開催、家族が同じ目標に向かって動き始めました。両親と家族会に入り、いろいろありながらも、家族が協力し、訪問看護や就労移行など、地域のサポートを活用しながら、就労することができました。

しかし、家族だけでこうした「家族会議」を持つことは容易ではありません。

私は、第三者の介入が必要だと考えます。イギリスには、当事者と家族に訪問で支援を届ける「メリデン版訪問家族支援」(13)があります。家族すべてのニーズを聞き取り、それぞれの目標の達成を応援し、家族が本人と共に困難への対処に取り組み、それぞれの生活を送れることを目指しています。家庭内に第三者が入り、家族それぞれの思いを代弁するだけで、家庭内のコミュニケーションが生まれ、家族の関係性が改善します。このような役割は、訪問看護などのアウトリーチ支援でもできると思います。第三者による家庭内の家族同士の関係性への家族支援が必要なのです。

---

(13) 伊藤順一郎：統合失調症患者の家族支援．精神保健研究，61，13-21,2015.

きょうだいにとってのテーマでもある、当事者との「ほどよい距離」は、親にとっても大切です。

支援者は、親からきょうだいに、ケアラーのバトンが引き継がれる前に、家族が自分の生活を犠牲にしない生き方ができるよう関わってほしいと思います。キーパーソンとなる親への支援を丁寧に行うことは、当事者だけでなく、きょうだいへの支援に直接つながるものです。

家族支援の基本は、家族自身のリカバリーです。それぞれの家族が希望を見いだし、自分なりの生きがいや生活を取り戻すことです。きょうだいには、早い時期から、精神疾患の知識や社会資源の情報提供、そして、きょうだい同士が出会い、語る場が必要です。

4人の体験談を通して、「家族が家族でいられる」「きょうだいがきょうだいでいられる」ための、「家族まるごと支援」が大切なのだと考えます。当事者ときょうだいが、それぞれ自立した一人の人間として、尊重し合える関係が、当事者と家族のリカバリーの前提となるのだと思います。

おわりに

きょうだいの体験を読まれて、どのように感じられたでしょうか。

4人のきょうだいの人生を、私も追体験することで、あらためてたくさんの気づきをいただきました。

きょうだいの経験はさまざまですが、病気のきょうだいに寄せる愛情は、とても強いことを改めて感じています。南の島のきょうだいさんは、きょうだいの「病気」は他人事ではなく、自分ごとだと言います。それは「小さい頃から同じ時間や気持ちを共有してきたからこそ」だと語っています。

きょうだいに寄せる愛情が強いのは、当事者と一緒に歩んだ、きょうだいとしての原経験があるからだと考えます。きょうだいだけが知っている、当事者の本来の姿、持っている魅力や力を、きょうだいが知っているのです。きょうだいは、もう一度、本来のきょうだいの関係を取り戻したいと願っています。

そして、きょうだいは、家族との絆《きずな》が強く、家族を大切に思い、壊れそうになった家族を、もう一度社会とつなぎ、新たな家族として再構成する力を持っていることが分かりました。当事者の病気で止まってしまった家族の時計を、未来に向けて動かす力を持っていると考えます。
本書の出版までに時間がかかりましたが、「それから3年後の私」を加筆いただいたことで、いっそう興味深い内容になったと思います。
きょうだいも自分の人生のライフサイクルを歩んでいますが、家族にも家族のライフサイクルがあり、共に紡ぎ合い、程よい距離を模索しながら、歩んでいるのだと思います。

「きょうだいの物語」はこれからも続きますが、きょうだいたちのもつ、力強い生命力を感じながら、それぞれの人生を応援したい気持ちでいっぱいになりました。
執筆した4人のきょうだいたちは、今、あらためて人生のスタートラインに立ち、前を向いて歩き出したようです。

また3年後の彼らの姿を知りたいなあと思いました。

2024年5月5日

横山 恵子

◎執筆者◎

横山 恵子（よこやま・けいこ）

横浜創英大学　教授 / 看護師

埼玉県立がんセンター、埼玉県立北高等看護学院、埼玉県立精神保健総合センター（現、県立精神医療センター）準備室を経て、看護師長として勤務。急性期病棟にて精神科看護を経験。その後、埼玉県立大学短期大学部看護学科講師、埼玉県立大学准教授から埼玉県立大学保健医療福祉学部看護学科・大学院保健医療福祉学研究科／教授／看護師。その間、日本社会事業大学社会福祉学研究科博士前期課程、東京女子医科大学大学院看護学研究科博士後期課程修了。

主な研究テーマは、精神障がい者の家族支援・家族会活動・アウトリーチサービス・看護師のキャリア支援。

◎体験談執筆◎

仲田海人　やじろべえ　南の島のきょうだい　木村諭志

◎監修◎

公益社団法人 全国精神保健福祉会連合会（みんなねっと）

https://seishinhoken.jp/

※みんなねっとは精神に障がいのある方の家族が結成した団体です。

ひとりで抱え込まずに、まずはお気軽にご相談を。

みんなねっとライブラリー

こころが大切にされる時代に向けて―

公益社団法人 全国精神保健福祉会連合会 監修のもと、生きづらさを抱える本人と家族が安心して暮らせる社会をめざす一般向けシリーズで、家族、当事者、医療、福祉、介護など、様々な分野の著者が執筆します。令和元年7月創刊。

◎既刊書◎

『追体験 霧晴れる時』

今および未来を生きる 精神障がいのある人の家族 15 のモノガタリ

『静かなる変革者たち』

精神障がいのある親に育てられ、成長して支援職に就いた子どもたちの語り

『心病む夫と生きていく方法』

統合失調症、双極性障害、うつ病…

9 人の妻が語りつくした結婚、子育て、仕事、つらさ、そして未来

『おかあちゃん、こんな僕やけど、産んでくれてありがとう』

精神障がいがある人の家族 15 の軌跡

今日の向こうは

きょうだいが語る
きょうだいの精神疾患と私の人生

2024年6月12日　第1刷発行

著　者　横山恵子
　　　　仲田海人　やじろべえ　南の島のきょうだい　木村諭志
発行者　増田幸美
発　行　株式会社ペンコム
　　　　〒673-0877 兵庫県明石市人丸町2-20　http://pencom.co.jp/
発　売　株式会社インプレス
　　　　〒101-0051 東京都千代田区神田神保町一丁目105番地

装　丁　矢萩 多聞
挿　画　ひめくま（岡田 英之）

●本の内容に関するお問い合わせ先
　　　　株式会社ペンコム　TEL078-914-0391　FAX078-959-8033
●乱丁本・落丁本などのお問い合わせ先
　　　　FAX03-6837-5023　service@impress.co.jp
　　　　※古書店で購入されたものについてはお取り替えできません。

印刷・製本　　株式会社シナノパブリッシングプレス

ISBN 978-4-295-40992-2